# 空谷足音的
# 南方論述
## 台灣 2006-2012

邱垂亮　著

# CONTENTS

## 目次

# CONTENTS

# CONTENTS

# *C*ONTENTS

# 彭序

　　邱垂亮教授將五年來所發表的時論整理成書，這是他第五本中文著作。

　　流亡海外二十三年期間，常讀到邱教授的文章，感佩其立場嚴謹，條理清晰，爲文精彩，很是動人，早成爲其忠實的「愛讀者」。但沒有機會見面。一九九二年回台以後，才有機會在各種會議中認識，覺得「人如其文」或「文如其人」，他純樸踏實，誠懇磊落，頭腦清楚而不裝作。

　　在民進黨執政時，我任總統府資政，兼任「亞洲太平洋自由民主聯盟」秘書長，常到外國訪問或主持會議(算起來曾到過三十多國)。若是國際討論會，一定邀請邱教授參加，不只是因爲他在澳洲大學任教多年，亦是因爲他每發言不像些以「學院派」自居者，故作深奧，把一句話即能道破的，煞有介事的，轉彎抹角，弄得複雜不堪，爲的是要炫耀博識，衒學浮誇。

　　我很欣賞邱教授，頗有資深學人的獨特風格，謁謁而談，直截了當，直搗問題的核心，清清楚楚，聽來深入而輕鬆。

　　他一生好運，得到伶俐賢慧的夫人月琴女士的不少內助，應該特記。

　　此本書是邱教授在台灣現代政論史上所留下來不朽的重要足跡，能藉此短序，在其足跡上附上一輕微的手紋，深感榮幸。

彭明敏 2012年8月15日

# 自序

生在台灣苗栗鄉下貧農家，因父親是老么沒田種，小學畢業就出外打工，在石油公司探勘處當電工，二戰前被派去南洋(印尼)開採石油，沒「戰」死，戰後被派去台南牛山開採石油，我在牛山長大。

父親一生當工人，很窮，我因而一生不喜歡有錢人，同情農人和工人。我雖當到大學教授，一生也窮，還是不喜歡有錢人。

在牛山礦場，有一個小圖書館，是我的寶庫。小學書唸得很好，但也大看武俠小說，《蜀山劍俠傳》、《虯髯客傳》(風塵三俠)，《水滸傳》、《七俠五義》都看，因而想行俠作義，當劫富濟貧的俠客。

中學開始讀文藝小說，從《雙城記》、《基督山恩仇記》、《鐘樓怪人》、《簡愛》、《咆哮山莊》、《戰爭與和平》，讀到《紅樓夢》、《金瓶梅》、《阿Q正傳》。武俠不幹了，想幹文豪。高中畢業保送成大不去，考上台大外文。

在台大外文系唸的都是枯燥無味的古文學，又無法融入白先勇、陳秀美搞的現代文學，不務正業，開始讀《紐

約時報》、《時報週刊》等外文雜誌，對世界政治、國際
關係產生興趣。

小時候228看到父親同事被抓，大學時看到同學被
抓，對國民黨的專制統治非常反感。大學時就搞台灣同學
會，反對國民黨控制大學。

去美國留學，改唸政治，碩士論文寫國際關係，博士
寫比較政治，正值老毛搞文革，就寫毛思想和文革。讀老
毛的書讀得抓狂，著迷他的文字、思想、理想主義，應算
毛迷。

但3年論文寫下來，發覺他說一套、做一套，說得天
花亂墜，讓人看到天堂，做得滿手血腥，讓人看到地獄。

我論文寫完人也醒了，接受毛是「visionary先知先
覺、revolutionary革命家、也是monster魔鬼」的歷史評
斷。

在澳洲昆斯蘭大學教政治學，40多年研究、論述、相
信、宣揚自由民主人權，並在台灣和中國搧風點火，推銷
民主。雖說的多、做的少，但也自我感覺良好。

支持台灣的黨外運動、美麗島、民進黨、台聯黨、台
獨，中國的民運、人權、西藏、天安門，不停地寫了40多
年鼓吹自由民主人權的文字。

2004年阿扁連任，我高興得流淚。相信，台灣民主化
成功了，台灣主權獨立的日子快要來了。

2008年馬英九一上台就「中國復辟」，一夜間我的美
夢驚醒、惡夢開始。2012，惡夢不僅延續，還變本加厲，

更猙獰可怕。

2006年結束台灣的客座，也從昆大退休，本想退隱河邊小屋，不再管閒事。但惡夢連連，就是不得安寧。

結果，還是管事，還是發牢騷，寫了40多萬字的文章。本來寫了，牢騷發洩了，也就算了，讓「塵土的歸塵土」。

2012年大選失望回來，滿懷鬱卒，真想退隱河邊小屋。何況，老人癡呆，文章寫不出來了，要發牢騷，都發不起。

文章不寫了，老婆MH(月琴)發牢騷，要我實現50年前追她時許下的諾言。在台大追她時，沒錢只好寫情書，花言巧語騙她，答應有一天會寫台灣的《戰爭與和平》。還真有用，騙到了。

相隨50個春秋，她看透我，知道我連山寨版的《戰爭與和平》都寫不成。認了，求而其次，要我寫回憶錄，把我嚇昏了，急了，說我出論文集。

就這樣，被迫找出過去6年來寫的文章。和幫忙出版的朋友商量，決定把40萬字理出20多萬字出兩本書。第一本《空谷足音的南方論述 — 台灣2006-2012》，論述台灣的主權、民主、人權和馬英九。當我自我感覺良好時，「空谷足音」滿合我寫文章的原意。不自我感覺良好時，「憨人講憨話」更合我意。這些文章大多發表在《南方快報》，反映的又都是台灣南部人的心聲，故名南方論述。

第二本《走不出門的國家 — 馬英九的台灣》，討論

台灣的國際關係。

從老毛的無產階級革命，到杭廷敦的「第三波民主化」和福山的「歷史終結」，從達賴喇嘛、哈維爾、曼德拉、翁山蘇姬、劉曉波，到阿輝伯、阿扁、小英和彭明敏教授，當然還有馬英九，從228、美麗島、64天安門到阿拉伯之春、茉莉花革命，很多故事值得說，非說不可。

在大學教書41年，吃碗裡看碗外，象牙塔裡不安心做學問，關心塔外台灣、中國的民主化，寫不被象牙塔裡同仁接受的政論文章，又在台灣政界走進走出，說東說西，結果一事無成。

當自我感覺良好的時候，我會想到彭教授、阿輝伯、信介仙、老康、呂秀蓮、《台灣政論》、《美麗島》、阿扁、2000、2004、小英、天安門、嚴家其……

我也會想到我的學生范盛保、許建榮。。。好朋友盧孝治……

當不自我感覺良好的時候，我會嗆自己：

奇怪耶！你……

當文豪，看人家鐘老(肇政)、李喬……

當教授，看你同學李歐梵……

寫政論文章，你敢比李筱峰、金恆煒、司馬、南方朔……？

搞政治，想當大使(駐澳代表)，朋友叫你向阿扁要，都牛脾氣，不肯……

搞台灣民主、獨立，2008、2012年馬英九都高票當

選……

　　真的，和邱義仁很有同感，搞台灣民主政治搞了40年，搞成這副德行，真窩囊！

　　兩本書整理期間，還一直猶豫不決，出不出版？向彭教授要「序」，他一口答應，並馬上寫，把我讚美得超過。MH終於高興了，「有了彭教授的序，書出得值得。」

　　天佑彭教授！天佑台灣！

2012.11.03 澳洲昆斯蘭河邊小屋

# 第一輯　主權篇

　　台灣的問題，歸根結蒂，就是國家認同、主權確定。這個問題不解決，台灣不會是正常國家，不可能是國際社會的成員、聯合國的會員國。

　　阿輝伯（前總統李登輝）常要台灣人自問：「我是誰？」問得好，但沒答案。

　　我是台灣人？中國人？台灣的中國人？中國的台灣人？台灣的國民？中國的國民？中華民國的國民？沒有國家的國民？

　　台灣是主權國家？中華民國是主權國家？台灣是中華民國？中華民國是台灣？中華民國是中國？台灣是中國的地區？台灣的國家主權未定？

　　什麼是「台灣共識」？「互不承認主權，互不否認治權」又是「蝦米碗糕」？真的，問題一籮筐，答案亂七八糟，沒有台灣共識，更沒有中國共識。

　　阿輝伯的「我是誰？」在他老人家，甚至我這個後輩有生之年，恐怕都不會有答案。這大概就是老人家說的「生為台灣人的悲哀」。

# 「背著國旗出訪」國旗不見了

　　2006年在越南召開的APEC高峰，20個經濟體都由最高領袖出席，只有台灣，在中國阻擾下，陳水扁只能派台積電總裁張忠謀為領袖代表赴會。

　　出國前，媒體沒有查證清楚就報導，張忠謀將坐總統專機「空軍一號」飛越，可謂外交一大突破。外交部也故意語焉不詳，賣關子地說，「張領袖代表是搭乘專機」，不稱為「空軍一號」，應稱為「空軍行政專機」。

　　結果，媒體糊裡糊塗，不查清楚，專機是阿扁的總統專機但機尾的國旗被漆掉了，真的是「行政專機」，不是「總統專機」。

　　但是，大家都在「背著國旗出訪」的自我陶醉下，歡天喜地，認為是台灣外交一大突破。等高峰會開完了，專機飛回台灣，大家才發覺國旗不見了。

　　可憐的台灣被中國壓迫、越南欺負，可以駕總統專機赴會，但專機上的國旗不能同行，要塗掉。

　　台灣國家被人耍得團團轉，台灣人民也被自己的政府和媒體擺了一道，「台灣人的悲哀」莫此為甚。

　　這已經夠悲哀了；但更可悲的是，統派媒體惱羞成怒，破口大罵政府騙人，罵得咬牙切齒。

問題是，政府故意沒把話說清楚，是有騙人之虞，可以罵；但統派媒體大罵阿扁，卻不罵欺負台灣無所不用其極、不讓台灣元首出席高峰會、不讓台灣國旗出現在國際場合的專制中國。

他們心態可議，認為中國打壓有理，台灣不自量力，自討沒趣。

持平而論，張忠謀代表阿扁出席河內高峰會，與布希總統和夫人及其他領袖互動熱烈，表現亮麗。他能坐台灣官方的行政專機赴會，總比坐華航要有尊嚴一點。

現實主義地看，這是一次成功之會，那面不很光彩的青天白日滿地紅，本來就是見不得人的東西，沒出現在專機機尾，不值大驚小怪。

我們可以罵阿扁無能，但應該更大罵欺人過甚的鴨霸中國，才對。

(2006.11.27)

# 台灣正名就在今日

台灣要解除嚴厲的國家認同危機，正本清源的作法就是正名，把已被掃入歷史垃圾堆的「中華民國」(ROC)改為名副其實的「台灣」。台灣要正名，過去已失去很多機會，現在已成燃眉之急。要做，就在今天。今天不做，明天一定後悔。

2007年三月底，多位美國學者在傳統基金會(Heritage Foundation)指出，所謂維持台海現狀根本自欺欺人，美國的「一個中國政策」已經過時，應該檢討。

傳統基金會中國問題專家譚慎格(John J. Tkacik, Jr.) 最近出版了一本新書：《重塑台灣海峽》(*Reshaping the Taiwan Strait*)，要求檢討「一中」政策。

譚慎格說，如果美國再不改變「一中」政策，台灣很快會被中國併吞，美日同盟關係也會發生變化，美國必須思考這趨勢是否符合美國利益。

澳洲莫那須(Monash)大學的教授家博(Bruce Jacobs，涉及1980年林義雄家血案的大鬍子)在新書發表會上指出，台灣從來不是中國的一部分，現在的一個中國政策不但過時，美國所堅持的現狀與現實也不符。

美中經濟暨安全檢討委員會(USCC)副主席卜大年(Daniel

Blumenthal)表示，中國在外交上不斷封殺台灣，在軍事上增強對台威脅，中國已不斷在改變現狀，美國應讓台灣人民對前途有選擇權。美國如果想凍結現狀，只會增加衝突的可能性，因為台灣的民主發展和北京的軍事擴張，都不是美國所能控制。

無疑地，在美國，「一中」政策的存廢已成議題，很多專家認為它的使用日期(use by date)已過，該廢除了。同理，「維持現狀」觀念也已過時，不切實際。中國大量部署飛彈(已1000顆)威脅台灣，每天都在改變現狀。

美國國會於1979年4月10日通過《台灣關係法》(Taiwan Relations Act, TRA)，剛滿28週年，民進黨主席游錫堃呼籲美國，應確實定義「一中」政策僅指中華人民共和國(PRC)，且確認TRA的地位，優於美中3公報。

游錫堃召開記者會說，西太平洋的和平與穩定攸關台灣與美國的國家利益。然近年來，因中國的崛起，西太平洋的和平與穩定面臨了嚴峻挑戰。

對台灣海峽情勢的變化，游提出4點呼籲。他首先說美國制訂TRA，已表明台灣不是中國的一部分，是主權獨立國家。因此，美國應明確定義，「一中」政策是指PRC，而台灣是個主權獨立的國家，不是中國的一部分，是「一中一台」的原則。

我同意他的看法，美國制定TRA以「台灣」為名，不以「ROC」或「中國台北」為名，彰顯台灣就是台灣、不是中國一部分。1979年以後，美國從來沒有稱呼過

ROC，都叫台灣爲台灣。

　　還有，再看1972年的美中上海公報和1979年的美中建交公報，其正式說辭是「美國認知(acknowledges)中國的世上只有一個中國、台灣是中國一部份的立場(position)」。也即美國的「一中」政策並沒有承認(recognize)台灣是中國的一部分。

　　中國總理溫家寶於2007年4月11日訪問日本。在與日本首相安倍晉三的會談中，溫家寶要求日方公開表明「反對台灣獨立」，但安倍不但拒絕，在會後的共同新聞公報中也不見「一個中國」字樣。日方僅重申，「有關台灣問題，日方堅持在(1972)中日共同聲明中所表明的立場」。

　　溫家寶在會談中表示，在重要而且敏感的問題上，日方應該妥善處理，遵守日中共同聲明極爲重要，他要求日方在歷史認識及台灣問題上顧及中方的立場。但在台灣問題上，日本拒絕中方「反對台獨」的要求，只重述「日本不支持台獨」的一貫立場。

　　據報導，在會談中，日方曾期待中國政府積極協助解決日本人被北韓綁架的事件。中方對此趁機提出要求，要日方表明「反對台灣獨立」，則中國將幫助解決北韓綁架事件。但安倍認爲綁架事件與台灣問題扯不上關係，在台灣問題上，日本的一貫立場是完全沿襲72年日中共同聲明，也就是日本最多只能「不支持台灣獨立」與「維持『一個中國』的原則」。

　　因此，在會談後的新聞公報中，有關台灣的部分，僅

止於「在1972年的日中共同聲明中，對於中國的『台灣是中華人民共和國不可分的領土的一部分』之主張，日本持續加以理解」。

《讀賣新聞》報導，中日官員在擬定聯合新聞公報的過程中，協調陷入最嚴重僵局的一點就是台灣問題。非常重視公報的中方，要求日方能在公報中載明「日本反對台灣獨立」的字句，但日方官員認為，在「親台灣派」的安倍執政之下，要日方言及台灣問題，實在礙難照辦。

就在溫家寶訪日的敏感時刻，日本防衛大臣久間章生批評中國軍費快速增加的言論，也引起注目。《時事通信社》引述久間談話，他對中國軍費快速增加感到非常不安，並揚言遭遇緊急事態時進行反制。

美方最近緊盯民進黨「4大天王」對「4不」的態度，副總統呂秀蓮雖未正面答覆，但強調台灣不必宣布獨立，1996年3月18日台灣人民行使總統投票權，就是用行動確立台灣是主權獨立國家，ROC就是台灣。「美國也就不必再逼了。」

呂秀蓮認為，中國在我國1996年首次舉行總統直選時打飛彈，美國派兩艘航空母艦來保護，這就證明台灣已經主權獨立。

在2007年4月14日的總統參選人電視辯論會中，游錫堃明確表示不再承諾「4不1沒有」。謝長廷說，「台灣正名制憲問題，要恢復與美國的信賴關係，加強與日本關係，深化台灣意識」。蘇貞昌說，「台灣就是台灣，沒有

模糊空間，也不是靠狡辯來閃躲，台灣絕對不能向一中低頭，一旦低頭就是在國際舞台退縮，就永遠抬不起頭」。

阿扁的「4不1沒有」本來就是錯誤的政策，2000年有其形勢逼人、不得不提的現實考量。2004年阿扁應棄置不顧，但他沒做，不過，它已成歷史陳跡。

1971年「ROC」被趕出聯合國(UN)。次年，美國與中國關係正常化，日本與中國建交。之後34年中，美日的中國、台灣政策明確，那就是「一中」政策，承認PRC是中國唯一政府，並認知(理解)但不承認中國的「台灣是中國一部分」的立場。美國更制訂TRA，以法律規定美國有武力協防台灣的義務，日本則有《美日安保條約》，把台灣納入其「周邊事項」，認定為美日戰略安全關心情事。近年在中國壓力下，美日聲稱「不支持台灣獨立」，但一再拒絕中國要其「反對台灣獨立」的要求。

1971到1988年在蔣家父子統治下，台灣的ROC不可能正名。之後，在李登輝及陳水扁領導下，每天都應是台灣丟棄「ROC」、正名為「台灣」的好日子。台灣是主權國家，要正名不需美、日諸國的同意，既使它們反對也應相應不理，甚至回一句「關你屁事！」。

至於中國的反對，我們只問，任何的台灣主權動作，中國哪一件不反對？中國要武力犯台的藉口一大堆，更有《反分裂國家法》(2005)的依據，要打隨時可以打。他們要不要打台灣，問題不是要不要，是能不能。

陳水扁總統2007年4月11日致函世界衛生組織(WHO)爭

取以台灣名義正式申請成為會員。阿扁一樣可以致函UN爭取以台灣名義正式申請成為會員國。同理，阿扁可以向全國人民宣布，要經過民主憲政程序把「中華民國」正名為「台灣」。

這些過去多年都可以、應該做的國家主權運作事務，今天當然都可以做，不做明天一定後悔，可以說是台灣的宿命。

當然，今天做並不是說明天就可以大功告成。做，要一步一腳印，務實、審慎、紮實地推進，要向2300萬台灣人民說清楚講明白，要凝聚民心、建立軟硬兼備的國力，也要向美、日諸民主國家說清楚講明白，希望但不求它們支持，只求它們瞭解。其成敗則在台灣人民和領導人的智慧、決心和勇氣，絕不在美國或日本，更不在要消滅台灣的蠻橫中國。

(2007.04.16)

# 東帝汶和科索沃能，台灣更能

　　在權勢主義的國際政治現實裡，小國要生存本來就不容易。小國如有大國惡鄰虎視眈眈，隨時可能被侵吞，要維持主權生存更難。小國曾被、或還被惡鄰大國殖民地統治，要掙脫大國權勢控制，尋求主權獨立，當然難上加難。假如小國是民主，惡鄰大國是獨裁，並認為小國是它的固有領土，小國要爭取或維持主權獨立，則如虎口拔牙，比登天還難。

　　但是，人間事，只要敢拼，沒有不可能的。小國有惡鄰，要獨立，雖難，但絕不是不可能的任務。民主台灣本已主權獨立，面臨專制中國武力威脅，要「宣佈獨立」，維持主權，進入UN，成為正常國家，被大多數國家承認，似乎很難；但以又小、又窮、又弱、又受盡歷史苦難的東帝汶(East Timor)和科索沃(Kosovo)為例，台灣條件好太多，獨立建國應更容易。比人口多少和素質、比經濟、武力、民主、科技和文明的先進發展，台灣都在天上，可謂天之驕子，東帝汶和科索沃都在地上，雖不是人間地獄，卻也差一點就是。

　　東帝汶已脫離惡鄰印尼獨立建國快8年，又窮又亂又打內戰，但也民主選舉總統和國會兩次，被認為是新興民

主國度，更是UN的會員國。

東帝汶和台灣一樣，命運多舛，16世紀就被荷蘭及葡萄牙殖民統治。二次世界大戰中，澳洲曾想侵佔，把它作為澳洲與印尼的緩衝地。戰後印尼脫離荷蘭殖民統治成為獨立國家。

印尼的西帝汶與葡萄牙的東帝汶同在一個小島上，僅一線之隔。戰後葡萄牙變成弱國，1974年民主選舉後放棄實質統治東帝汶。東帝汶搞獨立運動，又被馬克思的信徒搞得亂七八糟。1975年底印尼揮兵入侵，殖民軍事統治，暴力鎮壓獨立運動，20多年來約20多萬(人口的25%)的東帝汶人被殘殺。

東帝汶人吃盡苦頭，但不停搞獨立，打游擊戰，用刀、用箭和印尼的槍砲、戰車開打，有如以卵擊石。不過，人算不如天算，1998年印尼人民揭竿而起，推翻蘇哈特的專制政權。1999年8月，印尼被迫讓東帝汶獨立公投，結果78%的公民贊成脫離印尼獨立。

公投結果揭曉，印尼佔領軍惱羞成怒，與親印尼民兵展開天安門似的大屠殺，殺死數萬手無寸鐵的民眾，引起國際社會一片譁然，嚴厲譴責。1999年底，在UN的旗幟下澳洲為主的維和部隊進駐東帝汶，東帝汶獨立建國成功，並進入UN。2002年舉行總統和國會大選，成為新興民主國家。

1999年獨立公投是東帝汶脫離印尼成為主權國家的關鍵。78%的人民公投要獨立，讓全世界都看到，UN都非

認同、承認、支持不可。澳洲1975年默認印尼侵佔東帝汶，到1999年一直承認東帝汶是印尼領土，但1999年公投後強力支持東帝汶獨立，派維和部隊，並給予大量經濟援助。

中世紀的鄂圖曼帝國包括塞爾維亞(Serbia)的科索沃，雖曾不停內戰，但科索沃是以塞爾維亞人為主體的前南斯拉夫的固有領土，很少人質疑。二戰後，東歐、包括南斯拉夫，被納入前蘇聯權勢控制的共產陣營。1989年柏林圍牆崩潰後，蘇聯解體，南斯拉夫也分崩離析，各共和國紛紛要求分離、獨立，並發生一系列獨立戰爭，血流成河。

1991年斯洛維尼亞(Slovania)脫離南斯拉夫聯邦而獨立。克羅埃西亞(Croatia)的獨立戰爭打了5年，於1995年獨立成功。波士尼亞(Bosnia)的獨立戰爭也和塞爾維亞打了3年，於1995年獨立建國。

1996-1999年，塞爾維亞和科索沃解放軍爆發戰事。科索沃的阿爾巴尼亞人占多數，信天主教，與俄羅斯及塞爾維亞人信東方正教不同。科索沃的阿爾巴尼亞人要脫離塞爾維亞獨立，但塞爾維亞認為，科索沃是其固有領土，不可分離，又有強權大國俄羅斯的大力支持，堅持不放。

美國總統布希(George W. Bush)於2007年5月訪問阿爾巴尼亞(Albania)時宣布，美國將快速推動科索沃獨立，終結此議題「永無止盡的討論」。他表示，國務卿萊絲(Condoleezza Rice)將努力在UN安理會內尋求共識，爭取俄羅斯、歐洲國家的同意；如果決議無法通過，「我們還是必須往前

進」，支持科索沃達成獨立。

　　但是，7月21日，由於俄羅斯的反對，表示會在安理會投下否決票，美國及其歐洲盟友決定暫時擱置安理會有關科索沃未來地位的決議案。

　　科索沃臨時自治政府總理切庫(Agim Ceku)馬上反彈，宣佈：由於通過UN確定科索沃未來地位的努力已經失敗，科索沃應該在2007年11月28日阿爾巴尼亞獨立日當天單方面宣佈獨立。

　　雖然遭遇俄羅斯的阻礙，但美國與歐盟不會放棄，科索沃更是不甩UN，就是要宣佈獨立，其獨立建國的圓夢，指日可待。

　　東帝汶在印尼殖民統治下，以小搏大，人口不到一百萬，小槍兩三隻，挑戰人口2億、有美國先進武器百萬大軍的印尼。結果被印軍殺了20多萬人，真是死傷慘重，卻也爭取到1999年的獨立公投，建國成功。

　　科索沃更是被鄂圖曼帝國、南斯拉夫、塞爾維亞「殖民」統治數百年，從來沒有獨立過。但是，面對強權大國，他們還是義無反顧，不管美國、歐盟、UN支不支持，都要在2007年11月28日片面宣佈獨立。毋庸置疑，他們勇敢獨力建國，一定可以期待，一定成功。

　　比起東帝汶和科索沃，台灣是大國、富國、強國，並且從來沒有被惡鄰PRC統治過，60多年來一直是主權獨立國家。台灣要國家正常化，要制憲、正名，要進入UN，是2300萬台灣人民的基本權利。台灣人當然有權、應該舉

行公投決定自己的命運。

　　如果公投後70％以上的台灣人民要制新憲，要正名為台灣國，要以台灣之名申請進入UN，中國還要武力威脅、甚至侵犯，美國、澳洲、日本、歐盟等民主國家不承認、不支持民主台灣，能嗎？

　　如還不讓台灣進入UN，台灣當然要像科索沃，在UN拒絕台灣申請入會後馬上宣佈獨立，不甩UN，更不甩專制中國。獨立建國，東帝汶和科索沃能，台灣當然更能。

(2007.07.26)

　　**後記**：2012年3月17日到4月16日，東帝汶舉行總統大選，帶領游擊隊與印尼佔領軍打獨立戰爭的 Taur Matan Ruak，打敗國際有名、諾貝爾和平獎得主、也是獨立運動領袖的現任總統Jose Ramos-Horta.。

　　5月19日，Ruak就任總統，Ramos-Horta在總統府歡迎、擁抱Ruak，把政權交給他並祝福他政躬康泰.。兩人熱情擁抱的照片登載國際媒體，令人動容。東帝汶仍是世界最窮國家之一，但人民對國家前途、民主願景充滿信心。

　　殖民統治東帝汶20多年的印尼總統Susilo Bambang Yudhoyono，親身出席Ruak就任典禮，並發言祝福，一樣令人讚賞，彰顯印尼已是成熟民主國家。

# 「台灣人民沒路用，去死好了！」

　　最近很多台灣同鄉氣急敗壞，又生氣、又無奈地問：為什麼科索沃能獨立，台灣不能？為什麼國民黨專制統治台灣50多年，殺了好幾萬台灣人民，貪贓枉法，腐敗絕頂，台灣選民還讓泛藍選上4分之3的國會席次？為什麼討黨產的公投通不過？投票的選民不到30％？為什麼攸關台灣國際主權地位的入聯(返聯)公投，看起來也將很難通過？

　　馬英九滿口愛國主義，當高官時卻暗中拿美國綠卡(女兒、姊姊全家都是美國人)，當部長時壓抑台灣民主化，當台北市長一無建樹、弊端連連。身為法律人，首長特別費弊案被起訴，二審被判無罪，卻告檢察官瀆職，硬政治施壓逼迫檢察官下台。口說愛台灣卻心懷中國、要與中國統一。這樣的問題人物，為什麼還能、還要選台灣總統？很多台灣人民還投他的票，讓他選上，風光得意？

　　這樣沒有台灣國家認同、誠信破產、能力與政績很差的政治人物，在西方民主國家早已被掃地出門，絕對不可能選總統，在台灣卻可能選上總統。不講天理，也要講民主道理，這有何道理？

　　我有朋友被這些問題搞得抓狂，吃不下飯，睡不著覺，氣呼呼問我，要我這個政治學者給個合理交代，「為

什麼你把馬英九都罵扁了，台灣人民還是投票給他，你這個政治學家怎麼幹的？」

我啞口無言，經過多日思考，雖然想出很多道理(也有歪理)，可以解釋這個政治怪象，但痛定思痛，不得不下的一個直截了當的答案是，再罵馬英九也都沒用，因為台灣人民的民主素養、公民文化，與馬英九和國民黨一樣，爛得不能再爛。

政治學有一句俗語：有什麼樣的人民就有什麼樣的政府。尤其是民主國度，人民爛，選出的政府當然爛。人民只能得到他們值得得到的政府。

當然，我也必須認同、接受另一條民主原則：只要經過公開、公平民主程序選出的政府，不管多爛，都是民主合法、正當的政府。也即不管多爛，只要2008年3月22日大選馬英九取得50％＋1以上的選票，他就是台灣民主合法的總統，我們必須接受、尊重。

不過，我還是要罵台灣人公民修養不夠、民主政治智慧不足，台灣人很爛。有朋友大罵，馬英九這麼差勁，台灣選民還選他當總統，那「台灣人民去死好了！」

罵得痛快，但是，愛之深責之切的氣話，說說可以，不可當真。台灣人當然有可愛的地方，不過，作爲民主國家主人，他們實在不及格。我有理由一大堆，簡述幾則如下：

台灣人被外來政權統治數百年，殖民地庶民心態嚴重，到今天雖然經濟發達，民主化成功，與專制中國已實

質成爲兩個價值、制度不同的國度。兩邊還隔著一道很深的「黑水溝」天險，不像一切都比台灣更落後、處境更艱難的科索沃和東帝汶。問題是，台灣人沒有共同的國家認同，不敢毅然宣布台灣獨立，連獨立公投都不敢根據民主程序推動。人家科索沃和東帝汶有近80％的人民公開表示死也要獨立。台灣雖然有近80％的人民認爲自己是台灣人，不是中國人，但表示台灣今天就應該宣布獨立(急獨)的不到30％。

這樣沒有追求國家獨立勇氣的台灣人，不爛是什麼？在台灣、海外，我們常聽到泛藍的鄉親問，「香港有什麼不好？」「和中國統一、被共產黨統治，有什麼不好？」問得還理直氣壯，令人聽到吐血。

受到中國醬缸文化的熏染，台灣人不僅奴隸性根深蒂固，不敢當家作主，給他們神聖的選票，他們都不會珍惜(幾百塊台幣就可以出賣)，不會理性明智地運用。他們已經選立委選了快40年了，去年底他們選出的立委，還是很多地痞流氓、黑金黑道，被起訴、判刑的「利委」。這樣不知民主可貴、不會選賢與能的選民，哪有公民文化修爲可言？

國民黨專制統治台灣半個多世紀，權力腐敗到極點，國庫通黨庫，貪污了千億黨產。不過，遇上1970-90年代東亞經濟起飛，台灣人抓住契機打拼，創造了台灣經濟奇蹟。國民黨政權受益匪淺，雖自誇貢獻很大，但其實很小。

現在台灣經濟不如當年高速發展，有阿扁政府無能的

過錯，更有大環境時不我與的現實與必然。台灣人民怪阿扁，沒錯，但只看當年繁榮的經濟，不看國民黨的專制和腐敗，甚至認為再讓馬英九執政，台灣就會回到過去的繁華日子。這樣的人民不是天真無知、一廂情願、自欺欺人，是什麼？

講到神話已被戳穿的馬英九清新、愛國、誠信、不沾鍋的可愛形象，台灣人民很多被《中時》、《聯合》、TVBS等統派媒體洗腦洗得心智全盲，到現在還死心塌地地相信。

不僅如此，明明他在台北8年市長任內表現平凡、毫無建樹，很多台灣人民還是癡癡地相信他畫出的空中大餅，只要對中國大肆開放，門戶大開，台灣面臨的經濟問題就會迎刃而解，台灣GDP經濟成長會達6％，國民年均所得會高達3萬美元，失業率會降到3％以下，台灣又會是亞洲4小龍之首。

這樣胡塗亂畫的牛肉藍圖，根本是空中樓閣，一看就破，但還有很多台灣人信以為真，認為馬英九可以拼經濟救台灣。這樣糊裡糊塗亂信空頭支票的人民，實在缺乏現代公民文化素養，無法做民主國度的頭家。

這樣沒有公民文化修為的人民，要他們了解權力腐敗、制衡的民主道理，有點緣木求魚。要他們平心靜氣、理性地比較謝長廷和馬英九，孰優孰劣，再投下神聖一票，大概也是過分要求。

這些罵台灣人沒有公民文化的話，是說得滿重的。持

平而論，半個世紀推動民主化以來，台灣選民也曾一再表現亮麗，選出優秀的政治人物。民主政治就是要相信人民，讓人民決定。這次(2008)總統選舉，我們當然還是要「寄希望於台灣人民」，希望他們面臨大是大非、台灣命運抉擇的時刻，能善盡公民權責，投下民主智慧的一票，選出下一位能維護台灣主權、鞏固台灣民主、領導台灣經濟發展的賢能總統。

　　還有，更重要的是，台灣人民要堅守國家主權，讓入聯和返聯公投都通過。不然，選後一定有人破口大罵：「台灣人民沒路用，去死好了！」

(2008.02.25)

# 台灣不能選中國的總統

在一個現代民主國家，政黨輪替執政是應然、甚至必然的制度運作。因為唯有如此才能避免「權力一定腐敗，絕對權力一定絕對腐敗」(Power corrupts, absolute power corrupts absolutely)的阿克頓(Lord Acton)定律。在總統制國家，更有任期限制，美國兩任8年，南韓僅1任5年，其避免政權腐敗的用意，不言可喻。

還有，執政黨被輪替下台，就要反省、檢討、改進，扮演建設性的反對黨，以期下次選舉東山再起，爭取再執政。

所以，二次大戰後的美國從杜魯門(Harry S. Truman)、艾森豪(Dwight D. Eisenhower)到柯林頓(Bill Clinton)，南韓民主化後從盧泰愚到盧武鉉，沒有一個執政黨連續執政兩次(美國16、南韓10年)以上。

所以，8年前阿扁創造台灣第一次政黨輪替。4年前他競選連任，我就曾呼籲，阿扁如連任，民進黨8年執政，搞不好，2008年應該下台，再政黨輪替由在野黨(國民黨)執政。

還有，柯林頓的名言，「是經濟、笨蛋！」(It's the economy. Stupid!) 有一定道理。現代民主國家因為經濟搞不好

下台，如南韓(2008) 這次總統選舉，非常普遍，是正常的民主政治現象，可謂常態、常規。

但是，2008年台灣總統選舉，我認為上述政黨輪替及經濟決定論的民主運作常規有問題，並不適用。理由簡單明瞭：

台灣還不是正常民主國度，不像美國和南韓，台灣有嚴重國家認同危機。8年前國民黨是中國的、不是台灣的國民黨，連戰是「純正中國人」(並以此為榮)，他選的是「中國」的、不是台灣的總統。8年來，連戰和國民黨兩次選總統失敗，他們並沒有根本覺悟、反省、改革，沒有痛下決心、毅然把中國的國民黨改為台灣的國民黨。他們的中國民族情結和國家認同，不變，甚至有增無減。

2008年馬英九領導國民黨選總統，雖然為了選票，從選台北市長時的「新台灣人」，變成「我是台灣人，也是中國人」，再到大選中變成「我是正港的台灣人」，雖似有深化台灣認同之意，但經不起嚴肅審視。一看就看出他並沒有真正覺悟反省、脫胎換骨，變成正港的台灣人。他選的還是中國的、不是台灣的國民黨的總統。

他沒有說「我是台灣人，不是中國人」，沒有放棄他一生擁抱的「中華民國」(ROC)、「一中原則」、「終極統一」，也沒有同意、答應把中國國民黨改為台灣國民黨。

還有，他沒有把無所不用其極要消滅台灣的中國共產黨、北京政權認為是台灣的致命敵人。所以他說，如選上

要立即與中國3通，開放中國旅客來台，無限制台商投資中國，承認中國學位，台灣只要買防衛性、不買攻擊性武器，要與(敵國)中國和(友國)美國維持「等距關係」。他還自比胡錦濤，要以胡為師、為榮。

問他如選上去不去參加2008年北京奧運，他竟回答，「沒有計畫，這問題滿複雜的」。他的意思是，如可能，他是想要參加與1936年柏林一樣獨裁政權主辦的2008年北京奧運。

還有，他的女兒、姊姊都是美國人，不是台灣人。一個姊姊跑去中國與通緝犯(白郎張安樂)和台商募款。另一個姊姊跑去北京辦學校當校長。他還沒真正和台灣「連接」(只口頭上承諾)，他的家人早已和中國密切連接了。

台灣人要看清楚，在這大是大非的國家認同問題上，絕對不能因為阿扁的民進黨政府有腐敗(但絕對比國民黨執政55年要好很多)、經濟沒搞好(其實不壞)，就要換黨做做看，讓馬英九的中國的國民黨輪替執政。

很多人說「民進黨爛，國民黨更爛」，也許有人不同意，但民進黨是台灣的、國民黨是中國的，謝長廷選的是台灣的總統，馬英九選的是中國的總統，此重大分別，清清楚楚。要如何選擇，台灣選民應該可以明辨是非。

所以，在國家認同、主權生存的大是大非問題上，台灣選民一定要選台灣的民進黨和謝長廷，不能選中國的國民黨和馬英九，道理、義理正大、明確。

一樣重要的是，2008年一定是中國國民黨在台灣生

存的最後一戰，也是中國人(馬英九)在台灣選總統的最後一次。讓他們選敗，中國國民黨要死灰中鳳凰再起，唯一之途就是徹底覺悟、反省，根本改革、改造，把虛擬的中國的國民黨改爲正港的台灣的國民黨。

同理，2012年後要再選台灣總統，台灣的國民黨一定也非推出正港的台灣人、不是「台皮中骨」的假台灣人不可。

這樣，如果選上未來4年謝長廷搞不好，2012年再政黨輪替，讓台灣的民進黨下台，台灣的國民黨上台，我相信很多台灣人都會舉雙手贊成，樂意接受。

台灣不能選中國的總統，不能選中國人當總統，不能讓中國的政黨執政，天經地義。

(2008.03.03)

# 台灣主權維護的困境

2008年3月22日馬英九一選上總統，他的「一中」就光芒四射，令人眼花繚亂。副手蕭萬長迫不及待跑去握胡錦濤的手，落入中國的「一中」陷阱裡，灰頭土臉，還洋洋得意。君不知，馬蕭還沒上任，台灣的主權已被嚴重損傷。無疑地，在未來4年，台灣國家認同危機將更為嚴峻，國家主權前途更艱辛難走。

4月18-19日台灣智庫召開國際研討會，邀請美國、日本、韓國、澳洲等國學者討論台灣的主權地位問題。我在會中發表評論文章，從歷史角度分析台灣5百年來爭取國家獨立的歷史滄桑。

我的結論是，5百年來台灣一直是被殖民統治，至今仍是主權不完整的國度。根據現代基本人權觀念和聯合國憲章及其人權宣言，居住台灣數萬年的原住民，或已移民台灣數百年的台灣人，都應該有、卻不曾有依人民(民族、住民)自決決定自己國家主權的機會。

當然，中國一再聲稱的「台灣自古就是中國的一部分」，根本一派胡言。專制獨裁的PRC更從來沒擁有、行使過統治台灣的國家主權。

1648年維也納會議決定的國家主權觀念，人民、領

土、政府和國際責任的履行，到今天已有質變。3百多年前沒有民主國家，現在有近百個。還有，UN憲章及人權宣言，已成普世價值、國際法的基礎。因此，主權國家的人民應不僅是任人(尤其是專制政權)宰割的庶民，而是能行使主權在民的頭家。政府也不再僅是暴力統治的國家機器，而應是由公民選出來服務人民的公僕。今天論台灣主權問題，這個人權、民主因素應納入考量。

除了原住民外，17世紀前誰也沒有完整主權統治過台灣。17世紀中旬先有西班牙、荷蘭的殖民統治，還有20多年的鄭成功王朝，但都非常短暫，其主權統治也不完整，實際有效行政管制地區有限，未及全台灣。

鄭成功的反清復明，像蔣介石父子的反共復國，都是騙人的把戲。清朝統治台灣212年(1683-1895)，前202年只是部分主權的統治。康熙皇帝說過，台灣只是「彈丸之地。得之無所加，不得無所損」。他的大臣建言，「海外泥丸，不足為中國加廣」，主張從台灣撤僑，放棄台灣。

即使1875年台灣建省，清廷也承認其主權行使僅及於台灣領土的一半。1895年清日戰爭，清朝大敗割讓台灣及澎湖給日本。

日本統治台灣50年應算是主權行使最完整的政府，其經濟建設也頗有成就。但是，初期也有台灣共和國的短暫建國運動。台灣的社會菁英天真認為他們宣布台灣獨立，國際社會就會承認。他們當然太天真，大錯特錯。

1920年代則有台灣文化協會等要求自治的文化運動，

但僅文化，沒涉及主權獨立。日本主權統治台灣50年，到頭來並沒有達到台灣人的完全的日本主權認同。

1943年開羅會議，3巨頭(羅斯福、邱吉爾、蔣介石)在《開羅宣言》上並沒有簽字，沒有國際法的約束性，只有口頭承諾戰後台灣歸還中國。後來雅爾達會議重申開羅會議決定，一樣缺乏國際法的約束力。

1945年蔣介石受聯軍之命接受日本投降，開始實質殖民地、但非合乎法理主權的統治台灣。隨即爆發1947年的228屠殺事件，蔣介石失去現代主權統治台灣的民意基礎，更沒民主憲政的合理、合法性(legitimacy)。台灣只是再度淪為殖民統治的悲情命運。

1952年的中(ROC)日和約，日本放棄台灣主權但並沒把台灣主權交給中國(ROC)，不過，也沒給台灣人自決的權利。台灣主權不定論因而浮現。國民黨戒嚴專制統治台灣38年，跟日本一樣缺乏民意(國民主權)基礎。

1971年ROC被趕出UN，其主權在國際社會再度嚴重流失。1972年後，日本、澳洲等國陸續與台灣(ROC)斷交，與中國(PRC)建交。在美國、澳洲等國與中國建交公報裡，很多國家都持「認知」(acknowledge)、但沒「承認」(recognize)中國對台灣的主權擁有立場。

美國1979年承認中國後又馬上由國會通過《台灣關係法》(TRA)，以國內法承認台灣實質主權的存在，並依此法協防台灣。不過，也依此法的論述與安排，認為台灣法理主權不完整(前國務卿鮑爾Colin Powell用語)，也即台灣不是完全

主權獨立的國家。

還有，1949-1991年間，ROC在台灣仍堅持其主權涵蓋全中國(包括外蒙古)。因而反面地看，現實上，ROC在台灣就是主權行使不及中國、主權極不完整的國家。1991年，「動員戡亂時期臨時條款」被李登輝前總統廢除後，台灣才面對現實承認其主權只及於台澎金馬地區。根據在一定領土內有效行使政權的國家構成條件的國際法規定，台灣主權完整之議，才漸趨完善。

之後，1996年台灣人直選總統，台灣人的主權意志充分表現。1999年，阿輝伯宣布台灣與中國是「特殊國與國的關係」。2000年，政黨第一次輪替執政。2002年，陳水扁總統宣示海峽兩邊「一邊一國」。台灣終於成為比較主權完整的國家。

雖在國際承認上，台灣的法理主權仍不完善，但應是5百年來台灣國家主權最充實、最實在的時候。

可惜2008年總統大選，民進黨大敗，國民黨大勝。馬英九選前雖向台灣靠攏，選後卻急轉彎，急切向中國靠近。他的「中華台北」是他最愛的國家認同，他讓蕭萬長急忙參加博鰲論壇，並以得到的「特首級」待遇為榮。在在彰顯馬英九的「中國」主權觀念根深蒂固，他反對台灣主權獨立，向中國傾斜，邁向「一中」統一。結果，一定更明確否定、嚴重流失台灣的法理主權。這是用膝蓋想也可以想到的歷史發展情景。

4年或8年執政，馬英九也許不會、不能法理主權出賣

台灣，達到他夢寐以求的「終極統一」，但他還沒520上位就吃相難看，開始流失台灣國家主權，實在令人擔憂、失望。

台灣前途命運看來必然多舛。2008年看來，在馬英九「中華台北」的「一中」魔咒下，台灣要逃避被專制中國統一、維護台灣國家主權，很難。他的台灣主權維護之道，非常狹窄，勉強能看到的，只有兩個變數：

1. 是國際政治權勢平衡的維持。如果超強美國及其可能整合的民主聯盟國(日本、印度、澳洲、歐盟等)，能權勢合作、抗拒中國的霸權崛起，阻嚇中國武力侵犯，既使目前「不完整」的台灣主權也應可維護。

2. 是台灣人民維護國家主權意志堅強，不僅願為台灣主權奮戰到底，甚至願為國家獨立，像東帝汶、科索沃、圖博人一樣，灑熱血拋頭顱，死也不讓專制中國併吞。如是，美國為首的民主世界很難袖手旁觀，不支持台灣人民爭取國家主權獨立的賣命搏鬥。

我憂慮的是，因為國民黨長期的反台灣、親中國的大中國主義的洗腦，上述「我助人助」操之在我的建國條件付之闕如。是故，對馬英九領導台灣的主權前途，我不樂觀，對台灣人民我不敢抱太大希望。

(2008.05.24)

# 馬英九帶來終極悲劇

2008年5月20日，馬英九意氣風發就職台灣(ROC)第12屆總統，完成第2次政黨輪替，是台灣民主政治鞏固的歷史里程碑。本可喜可賀，應給馬英九一定的祝賀。還有，新總統上任，都應有一定的蜜月期，樂觀他新人新政，發揮才能，為國為民創建國泰民安的幸福新局。

即使是極力反對他當選台灣總統、主張台灣主權獨立的綠色學士如我者，起碼也應聽其言觀其行一段時間後才客觀、嚴正評論他的國政大策。

還有，當代民主國度，為了避免「權力必然腐敗」的阿克頓定律，政黨輪替執政是民主運作的必然。一個政黨執政8年權力春藥(季辛吉的名言)也算喝夠，下台應該、正常。

阿扁2000年推翻一黨專政半個多世紀的國民黨，邁開台灣政黨輪替歷史腳步，開創民主偉業，已難能可貴。執政8年，內有國民黨亂政，外有共產黨圍困，本身體弱多病，政績因而不良，2008年下台也是民主政治常態。

問題是，台灣不是一個正常的民主國家，有嚴重的國家認同危機。還有，國民黨獨裁統治台灣60多年，2000、2004年都輸不起、不認輸，不民主承認阿扁政府的憲政合

法性，逢扁必反，百般爲難，把台灣搞得烏煙瘴氣。8年來國民黨也都沒有反省、改革，把國庫通黨庫不法、不當取得的黨產歸還人民，更沒有把中國國民黨改爲台灣國民黨，眞正愛台灣，認同台灣。

所以，我反對2008年政黨再輪替，應讓中國國民黨繼續在野、反省、改造。國民黨如繼續在野4年，2012年必轉型成功，成爲台灣國民黨。之後才二次政黨輪替，讓民進黨下台，對台灣國家主權及民主前途一定大有益助。

可惜，台灣人不如是認爲，讓馬英九大勝。我們必須接受台灣人的民主決定。不過，322大選到520就職，馬英九新政府的組成、新政策的制訂，雖都還在「言」的階段，還沒成「行」；但聽其言，不需要觀其行，已經讓人大爲跳腳，大失所望。

我雖還要看其行，但實在已聽不下去，對他的蜜月期不能再樂觀其成地延期下去。我認爲對馬英九的嚴厲批判，520就應開啓。因爲聽其言就已明確聽出，他不僅不認同、不建立、甚至要削弱、出賣台灣國家主權；他的新人新政一點也不新，舊得令人傻眼，大失所望，怎麼看，都無法叫人苟同。

他的國家認同、憲政體制、「中國化」復辟政策，不是要回到蔣經國、而是要回到蔣介石世紀。但他又違背蔣介石的漢賊(國共)不兩立的中心思想、國家政策，這才是他令人最失望的地方。

馬英九要堅持「ROC」的一中原則，守護「ROC」

憲法。他認為遵憲與行憲比修憲更重要。他要樹立憲法的權威與彰顯守憲的價值，但是，他違背「ROC」憲法的規定，違反蔣介石的國家主權信念，不反對、不抗拒造反竊占中國的共產黨叛亂政權。

他不僅因而違憲，還要「與匪謀皮」，與中共政權和解、休兵，在「ROC」憲法架構下，維持台灣海峽的現狀。還根據1992年的「一中」(「各表」在消失中)共識，與北京叛亂政權「正視現實，開創未來；擱置爭議，追求雙贏」。

他實在大言不慚。他還莫名其妙地說，「兩岸問題最終解決的關鍵不在主權爭議，而在生活方式與核心價值」。也即，他不遵守「ROC」憲政主權的根本大義大理。

他不僅一樣大言不慚、還激昂慷慨地說出這一段話，「英九深知個人已經肩負2300萬人民的付託，這是我一生最光榮的職務，也是我一生最重大的責任。英九雖然不是在台灣出生，但台灣是我成長的故鄉，是我親人埋骨的所在。我尤其感念台灣社會對我這樣一個戰後新移民的包容之義、栽培之恩與擁抱之情。我義無反顧，別無懸念，只有勇往直前，全力以赴！」

他還大聲喊出「台灣民主萬歲！中華民國萬歲！」。並說「中華民國與台灣的命運已經緊緊的結合在一起，共同經歷了艱難險阻與悲歡歲月，更在追求民主的曲折道路上，有了長足的進步。」

　　壯哉斯言！在他的就職演說中他說了50次「台灣」，說了一大堆有台灣情的感性的話，但是，他就是沒有勇敢說出「台灣是主權獨立國家」，「ROC」就是台灣，台灣前途應由2300萬台灣人民民主決定(他選前說過)。

　　他喊「台灣民主萬歲！」，可能真心讚揚台灣成功的民主化，但是，他不讓台灣人民民主決定自己的命運，他不敢喊「台灣萬歲！」。他喊「中華民國萬歲！」，可能一樣真心誠意，但是，他已不否認、不抗拒「PRC」統治中國的現實，因而他違背「ROC」憲法，放棄「ROC」統治中國的主權立場。

　　從他選擇蕭萬長為副總統候選人，到提名劉兆玄當行政院長，再到30多位閣員的任命，展現的是8年前被推翻的舊的國民黨的腐敗政權的全面復辟，不是新人、是舊人政治的重現。

　　8年在野，中國國民黨不僅沒有改革成為台灣國民黨，其權力結構一樣沒變，連新舊世代交替的人事傳承都沒啟動。

　　蔣經國有「吹台青」的台灣化。李登輝更有「中華民國在台灣」、「台灣和中國是特殊國與國關係」的台灣主權化。阿扁則有「一邊一國」、「中華民國就是台灣」的台灣國家獨立化。馬英九一上台就取消總統府網站的「台灣」，快馬加鞭去台灣化，消除阿輝伯和阿扁艱辛建構的台灣主權，推動大中華主義的中國化，回復「台灣是中國的一部分」的中國主權論述。

　　馬英九說，「兩岸人民同屬中華民族，本應各盡所能，齊頭並進，共同貢獻國際社會，而非惡性競爭、虛耗資源。我深信，以世界之大、中華民族智慧之高，台灣與大陸一定可以找到和平共榮之道。」

　　他比美胡錦濤，一頭栽進大中華民族主義的陷阱裡，與中共政權的大中華民族主義相互呼應，合成一氣。台灣400年(還有原住民數萬年)發展的民族文化、歷史傳統的特異、獨立性，在馬英九的視野、心胸裡根本不存在。他的「台灣民主萬歲」，面對中國的大中華民族主義，民族主義高於民主主義的價值系統、意識型態，顯得相當虛弱無力。

　　為了展現新人新政的快速政績，馬英九政策模糊地呼應中國的「九二共識」，連「一中各表」的「各表」都略過不提。

　　中國也配合演出，裝蒜、沒看見馬英九的「各表」，並釋出善意，馬英九要3通、中國旅客、人民幣投資與兌換(本來就要給的)，都給，就是要幫馬英九大忙，讓他有所表現，在經濟上「馬」上成功，不管是短暫或假象，榮景出現就是好事一樁。

　　台灣人呆胞一大堆，被耍、被騙無所謂。國家主權逐漸流失，「以經促統」成效，像溫水煮青蛙一樣，由經濟、政治到主權逐漸落入中國的統戰圈套，脫身不得，他們無感、無覺。甚至國家安全都拋棄不顧，中國1400顆飛彈對準台灣，他們也視而不見、麻木不仁。

　　馬英九對外國媒體說，在他有生之日不會看到台灣與

中國統一，看不到他的「終極統一」願景，可能是說真話。但是，他違背「ROC」憲法，把就職演說內容預先通知叛亂竊占「ROC」固有領土的北京政權，520一上台更是不顧「ROC」的主權流失，飢不擇食地要與中國展開委曲求全的接觸、和解(其實是投降)，那不是在搞統一，是什麼？

到頭來，不管在他死前或死後，台灣主權消失殆盡，台灣落入PRC的權勢掌握中，歷史之舟已過三重山，馬英九和他的國民黨恐怕一點感覺都沒有，呆胞的台灣人一樣被欺騙、被出賣，都霧煞煞，那才絕對是台灣的終極悲劇。

(2008.05.24)

# 人民推翻傷害國家主權的政權

任何政府，不管是民主或專制國家的政府，其首要任務，當然是維護國家的主權獨立和完整，這毋庸置疑。

尤其是民主國家由人民選出的領導人，任期和權力都有限，根本不能削弱、出賣國家主權。如他或她傷害國家主權，人民不僅可用民主程序、甚至可用「人民的力量」(people power)、「人民革命」(people revolution)，包括示威遊行、甚至暴力革命，把這個傷害國家主權的領導人推翻。這也毋庸置疑。

台灣是自由民主主權獨立國家，這馬英九也認同。經過民主選舉把他選爲總統，他雖然有「人民授權」(people's mandate)推動總統大選時向人民訴求、許諾的政策；但是，他沒有權力推動人民沒有同意、授權給他推動的其他政策。當然更沒有權力變動、傷害、出賣台灣國家主權。

大選時，馬英九承諾「我是台灣人，死了成灰都是台灣人」、「台灣的前途要由台灣2300萬的人民決定」、「我的4年(如連任8年)任期內不會和中共談統一」，但會「在一中各表原則下和中共談判和平協議」，並推動3通、中國客來台等經貿政策。

520一上台馬英九馬上乘勝追擊、打鐵趁熱，在國內

急速推動復辟主義、中國化、去台灣化。對外反美、反日、親中，與造反奪權把國民黨趕去台灣的共產黨握手言歡，快馬加鞭推動「先經濟後政治」的兩岸統合政策。

在民主國度，有什麼樣的人民，就會選出什麼樣的政府。台灣人民選出馬英九，就給他推動要「ROC」復辟並與共產中國經濟統合的權力。

但是，台灣人民沒有授權他與要消滅台灣(ROC)的專制中國妥協，削弱、出賣台灣國家主權。他的「人民授權」無關台灣主權變更。他如損害、出賣台灣主權，根據他的ROC憲法，就犯了叛亂罪。以他法學素養，應該非常明白。

馬英九把「一中各表」的「各表」、也即「ROC」模糊化，等同丟棄，並接收中國沒有「各表」的「九二共識」。還把「台灣」丟掉換成「中華台北」，不再以台灣、也不以「ROC」之名申請進入聯合國(UN)、世界衛生組織(WHO)或其他國際組織。甚至為了不挑釁、觸怒中國，根本不再申請進入UN。

馬英九派去中國朝拜的使節，副總統蕭萬長、國民黨主席吳伯雄、海基會董事長江丙坤等，在中國不叫馬英九為「馬總統」、台灣為「台灣」或「中華民國」，而稱「馬先生」、「台灣地區領導人」、「台灣地區」。不僅在中國如此，連中國海協會會長陳雲林2008年底訪台見馬時，都不稱呼「馬總統」、僅稱呼「馬先生」。簡直把國家和總統尊嚴棄若敝屣。

　　更重要的是，馬英九一廂情願、單方面決定共產中國不再是台灣的致命敵人。中國對台飛彈部署雖不減還增，但他就是要台灣門戶大開，開放8個機場讓中國民航班機直飛，可以木馬屠城運送軍隊、坦克、戰機，讓人民解放軍長驅直入解放台灣。還為了討好中國，延誤購買美國先進武器，讓台海兩邊軍力平衡向中國大肆傾斜。

　　馬英九上台不到一個多月就已嚴重削弱台灣的國家主權。這不僅稍有台灣意識的人都看到，連美國人、日本人都已感覺到，並已公開表示憂慮。

　　大家非常清楚，700多萬的選民是因為阿扁的政績不彰、經濟不好、貪瀆事件，而民心不滿、思變，絕不是因為支持馬英九的「中國化」、「非台灣化」、「一中各表」、「終極統一」，而投票給他，讓他當選。

　　還有，馬英九不要忘了，還有400多萬(42%)的台灣選民，根本反對他出賣台灣國家主權、「一中各表」大肆西進、「終極統一」。他們絕對有發揮「人民力量」、甚至發動「人民革命」的民主權利，反對、抗拒馬英九變更、傷害、出賣台灣國家主權的作為。

　　對此，他應非常心知肚明。同理，馬英九應該一樣心知肚明，他絕對沒有獲得台灣人民授權推展以「中華台北」為名進入國際組織的外交政策。

　　馬英九已經打了很多削弱台灣主權的擦邊球，有違憲之虞。他要再進一步與中國發展統合關係，非要重新取得台灣2300萬人民的民主授權不可。要取得此人民授權，根

據台灣(ROC)的憲政程序，必須訴之公民投票，由2300萬
台灣人民民主決定。

他如不信邪，要一意孤行，沒有取得人民授權就進一
步政治談判，接受沒有「各表」的「一中原則」，與中國
妥協，甚至出賣台灣國家主權，那台灣人當然就有主權在
民的公民權力，發動人民革命，和平也好、暴力也好，把
馬政權推翻倒地，還政於民，再由2300萬人民決定台灣的
前途。

其實，馬英九應該懸崖勒馬，先經過公民投票，問問
2300萬台灣人，他們是否接受以「一中各表」的「九二共
識」與中國展開經濟整合、政治談判，是否接受以「中華
台北」之名進入國籍組織。如果台灣人民同意、授權，馬
英九就可理直氣壯，大膽西進，與北京接觸談判，不僅解
決「和平協定」問題，還可進一步談判、解決雙方的歷史
主權爭端，也才可以以「中華台北」之名申請進入國際組
織。

這絕對是馬英九身為民主台灣總統應該走的光明正
大、歷史正確的道路。

(2008.07.02)

# 大一統意態作祟

　　馬英九2008年520上台。一開始，我認為應接受他獲得700多萬選民支持的民主事實，樂觀其成，讓他推展國政，不要像過去8年國民黨逢扁必反、什麼都反、反到抓狂。

　　但是，他一上台就把總統府網站的「台灣」拿掉，把「台灣郵政」改回「中華郵政」，不以「台灣」、要以「中華台北」參加國際組織，並模糊化「一中各表」的「各表」，等同接受中國只有「一中」的「九二共識」，急速推動去台灣化，損傷台灣國家主權，並推動中國化、中國認同的統一主義政策。

　　我馬上感覺不對，是大是大非變更國家認同、國家主權的不對。我寫的幾篇文章都以此為評論主題。最近我強調「人民有權利推翻傷害國家主權的政黨」，朋友看到後問我，為什麼這篇文章和你30多年前寫的「兩種心向」一樣，都要人民起來推翻國民黨政權？

　　我一聽心中怵然一驚，突然警覺是真的很像。1975年我為老康(寧祥)的《台灣政論》寫的《兩種心向》，就是主張人民有權推翻一黨專制統治台灣的國民黨政權。因為那篇文章，國民黨以「涉嫌煽動叛亂」入罪，把我列入黑名

單,並因而停刊《台灣政論》。

我一驚、一覺後,冷靜一想,一邊感嘆,還好,今天我呼籲,如果馬英九出賣台灣主權,台灣人民有民主權利推翻馬政權,馬英九大概不敢、不會以煽動叛亂入罪於我,把我列入黑名單,但也一邊悲嘆,經過我們,尤其是黨外前輩們犧牲奮鬥三十多載,我們好像民主化大有所成,卻又莫名其妙感覺,好像時光倒流,一覺醒來又回到1970年代兩蔣獨裁壓制台灣民主化、主權化的悲情年代。

2008年7月4日,藍軍立委行使監院人事同意權結果,原屬綠營的沈富雄、陳耀昌和尤美女都被封殺,顯見不管他們是否曾經反扁,或是親馬,「國民黨的餐桌,沒有綠營的座位」,成為國民黨一黨獨大、整碗端去的寫照。

準監察院長王建煊得知共有4名被提名人落馬後,忍不住批評藍綠兩黨「統統在分顏色」,藍的看到綠的就不對,綠的看到藍的也不對,「這樣搞下去國家怎麼搞得好!」

王建煊還話鋒一轉指出,民進黨27票都沒有投他,「難道我真的那麼壞嗎?」他怪民進黨沒投他,是認為一個黨應該為國家未來做一些事,不要腦筋一直在想藍的綠的。王建煊感嘆說,綠營決定封殺他,好像把監察院當成國民黨開的,但事實並非如此。他說,國民黨裡也有這個現象,嘴巴上大家說不要分顏色,卻通通在分顏色。

「王聖人」也好,「王小弟」也好,他都好像說了正確的話。不過,他也偏見、說錯話。他8年來遠離台灣跑

去中國，他的中國統一心態不言可喻。國民黨控制國會4分之3的絕對多數席次，盲目封殺有綠色的被提名人，才是鴨霸，完全是中國統一主義作祟。民進黨27席根本無能為力，為了展現一絲民主制衡，當然應投象徵性的反對票。王建煊藍綠各打50板，假裝公平，是假仙。

王建煊錯了，台灣的立院、監院當然是國民黨開的。這次立院發飆，國民黨權力內鬥、黨、院要給馬英九顏色看，是原因之一。但有種應該拿馬系人馬開刀，不是全面封殺泛綠人士。國民黨立委濫殺泛綠，當然是中國統一主義作祟。

前副總統呂秀蓮表示，監委被提名人有綠色色彩者，幾乎全軍覆沒，她希望不要有趕盡殺絕的情形發生。她感到非常遺憾，還表示，她與前總統陳水扁8年來良心做事，5月20日誠懇交出政權，但陳前總統隨即被限制出境(被抓被關)，她期盼擁有權力者要知所自制。

呂前副總統指出，都是藍綠意識型態之爭，說對了。她不說那是「敵我矛盾」，國民黨趕盡殺絕，消滅民進黨，則是太客氣、太鄉愿。

監委投票後，考試院長被提名人張俊彥發表聲明表示，經過長考之後，決定退出院長審查程序。自己並非不願承擔壓力，而是痛心媒體和政治扭曲人性、以及悲痛失去好友(白文正)。

張俊彥被無情追殺的理由，白文正只是起火點。寶來集團總裁白文正因牽涉背信、利益輸送、圖利等情事被檢

調追查，自認冤枉，落海死亡，統派媒體報料張俊彥接受寶來「供養」(轎車)，張自認被污衊。

其實，大家都知道，最重要的原因是，張俊彥228受難者之子的原罪，以及他過去的綠色背景、當過阿扁選前的國政顧問、選後的總統府國策顧問。在國民黨立委眼裡，他綠色有罪，並罪該萬死。

馬英九領導的泛藍政府仍是中國統一主義的政權。民進黨領導的泛綠仍是台灣獨立建國的政治運動。兩個政黨之間的國家認同南轅北轍，套句老毛的話，是「敵我」、不是「人民」之間的矛盾。

台灣2300萬的人民也一樣統獨分裂。雖然主張台灣獨立的已過半數，但還沒有形成全民共識，更未成為堅強的國家認同。這是台灣長期被殖民統治留下來的歷史悲情。

馬英九當上台灣總統，雖然也許有心想要當「全民」總統，推展藍綠和解，但因為他的統一主義的基本心態不變，與泛綠的台灣獨立主義，必然「敵我」矛盾。阿扁8年執政，何嘗不也真心想要當「全民」總統，推展藍綠和解共生；但面對國民黨的逢扁必反、趕盡殺絕，和解一樣無門。

《自由時報》(2008.07.06)報導，馬政府正著手研究是否「恢復國統會運作」，以利兩岸深層交流。馬政府預計8月中旬，「適時」對外拋出訊息，不排除在明年度編列預算，讓國統會重新運行。

總統府發言人王郁琦馬上回應說，毫無所悉、第一次

聽說。他表示，這種報導不是事實，相關報導都是謠言，總統馬英九的理念是「不統、不獨、不武」，沒有任何計畫要重開國統會。

《自由時報》報導應該不是空穴來風。馬政府有人想恢復國統會，推動中國統一，並丟出風向球，應該是事實。

何況，馬英九的「不統、不獨、不武」，不僅因為統獨的「敵我」矛盾，不可能邏輯合理，更嚴重的是他言不由衷，說的是一套、做的是一套。他口說「不統」，做的卻是一步一步走向統一。他口說「不獨」，做的卻是去台灣化，反對、壓制台獨。

至於「不武」，那是空話，「馬先生」的一廂情願。台灣無能無力(像蔣家父子)，當然「不武」；但是，中國可沒「不武」。2008七月初，中國軍委副主席徐厚才才向日本軍事訪問團說，中國與台灣仍處敵對狀態，中國仍要武力解放台灣，不會撤除針對台灣的千顆飛彈。

總之，台灣統獨意態分裂的現實，明確、嚴峻，是屬國家認同與主權確立的大是大非的國家大事，兩者之間沒有妥協、統合餘地。終極地看，遲早在台灣與中國之間台灣人要做出命運的抉擇。

(2008.07.08)

# 飼老鼠咬布袋的范藍欽

　　台灣派駐加拿大新聞組長郭冠英，以范藍欽(泛藍軍)筆名發表大量惡毒污辱台灣國家和人民的文章，被揭露後引爆嚴重國家認同政治風暴，席捲海內外。

　　引起的國家認同爭議，絕不僅攸關郭冠英個人的言行是非、違不違法(公務人員任用法，刑法的誹謗罪、內亂外患罪)，還牽連言論自由、統派意態、國家認同、種族歧視等問題。其彰顯的嚴重性絕對關係台灣媒體與政治生態、社會文化政治菁英結構及國家命運前途。

　　如是大事不能輕輕放下、大事化小、小事化無，一定要窮追猛打，追究到底，把台灣所有的郭冠英、范藍欽抓出來，暴露在太陽下嚴正檢視，不再讓他們繼續「飼老鼠咬布袋」、踐踏、破壞台灣國家主權、人民尊嚴。

　　郭冠英就是范藍欽，他雖一再狡辯、否認，但證據確鑿。他所犯污衊台灣國格、侮辱台灣人民的言詞，罄竹難書。他不認同台灣，宣稱台灣不是國家，哪有外交。他認同中國，認為台灣的中國人是「高級外省人」。

　　他的女兒郭采君曾撰文《松花江上》自述：「爸爸從小教導我是中國人，我與哥哥是爸爸愛國的工具，1993年爸爸拍攝《世紀行過 — 張學良傳》時，還要九歲的我，

爲張學良唱『我的家在東北松花江』」。

他看不起台灣和台灣人，一再罵台灣是「鬼島」、台灣人是「鬼島愚民」、「台巴子」、「倭寇」。

范蘭欽在《聯合報》發表《被掩蓋的眞相 — 陳儀是非魔癖二二八》，文中提及「二二八的歷史完全顚倒，眞相被掩蓋。實在陳儀是愛民清官，蔣介石、陳儀當時處理也極對。」他還呼籲，中國解放軍解放台灣後不能手軟，應像228後的肅清運動，把有台灣意識的菁英趕盡殺絕。

總之，郭冠英反台灣的辱國、叛國、污衊台灣人的種族歧視言論，白紙黑字，寫得清清楚楚，罪狀確鑿。是否可以言論自由辯護？在美國也許可以以憲法第一修正條文(First Amendment)硬拗一番，但絕對違背UN的《消除種族歧視國際公約》及美國、澳洲、德國、法國等很多民主國家的反種族歧視法。

在全國一片譁然聲中，連國民黨的立委都看不下去。立院國民黨團書記長楊瓊瓔表示，不容許新聞局包庇郭，強調「國家國格以及族群和諧，絕對一點一滴都不容許抹滅。」徐中雄批評，郭冠英自稱是「高級外省人」，那哪些人是低級的？這種言論充滿納粹主義與3K黨的種族淨化思維，傷害台灣每個人的感情，不配做爲台灣的駐外官員，應立即撤職。張碩文指出，郭身爲國家的駐外官員，竟然罵自己的國家給外人聽，簡直就是「飼老鼠咬布袋」，非常不適任。蔣孝嚴認爲今日台灣還有如是離譜官員，眞不可思議。林郁方也嚴厲譴責郭冠英的言論荒謬。

　　匪夷所思的是馬政府的軟弱遲鈍反應。新聞局僅召回郭員返國說明，調離外放主管職位，並送行政院公務人員懲戒委員會處理，明顯輕輕放下，處分得不痛不癢。

　　行政院長劉兆玄在立法院答詢時表示，郭冠英身為國家公職同時又擔任主管，發表極端的言論，就會比較嚴重。認同這塊土地就是愛台灣，對於極端少數人在政治的氛圍之下，有一些製造對立或分裂的做法並不可取。他說，郭冠英的言行屬個人行為，他覺得非常遺憾。

　　個人行為？這大概是台灣近年來最低估情勢的言論(understatement of the year)。

　　總統府則僅由發言人王郁琦表態，如果公務員有這樣的言論，是非常不妥當的事情，如果確有此事，相信新聞局會作出適當的處置。輕描淡寫，譴責意味聞都聞不到。

　　總統馬英九更是沈默是金，一句話都沒吭，似乎事不關己。如是嚴重國政風波，他卻一點也不沾鍋，真令人驚訝，嘆為觀止。

　　民進黨當然窮追猛打，要求撤職嚴辦，繩之於法。綠營甚至有人聚眾前往新聞局示威，要求以內亂外犯罪起訴他。

　　揭發整個事件的民進黨立委管碧玲一再提出證據，證實「郭冠英就是范蘭欽」。管碧玲還強調，類似的激進種族主義並非言論自由，若台灣人被如此踐踏還不能生氣，這個族群遲早會滅亡。壯哉斯言！

　　問題就在劉兆玄的「郭冠英的言行屬個人行為」。這

哪裡是「個人行為」？范藍欽的一大堆文章，不僅出現在中國媒體，如鳳凰衛視、鳳凰博網、網站「烏有之鄉」等，還在台灣主流媒體，《聯合報》、《中國時報》、《聯合文學》、《時報週刊》、《傳記文學》刊出。這些媒體的主編、評論員、記者很多還是他的好朋友。

還有，很多「高級中國人」和他志同道合，都是把台灣當「鬼島」、台灣人當「台巴子」。他們都有嚴重的種族歧視、殖民主義統治者心態，並與國民黨的權力機構結合，長期主導台灣的政經文教體制，成為強勢菁英統治階層。

更嚴重的是，在他們背後，是否還有吳伯雄、連戰、馬英九等國民黨最高領導的默許、撐腰，才是郭冠英事件的嚴重問題重心所在。

郭冠英只是冰山一角，台灣各個角落，尤其是媒體、教育界、司法與行政公務機關裡隱藏著不知多少的郭冠英、范藍欽，都不停地在寫台灣是「鬼島」、台灣人是「巴子」的文章。

這樣險惡的形勢壓境，管碧玲才會說出「若台灣人被如此踐踏還不能生氣，這個族群遲早會滅亡」的重話。此話可能成真，才是台灣人的最大悲劇。

(2009.03.21)

# 馬英九和星雲的中國迷障

　　馬英九上台後1年不到，他一面倒向中國的親中政策，嚴重危害台灣國家主權，傷害台灣人的尊嚴。他雖不再說「終極統一」，但一步一步邁向中國的「一中」統一，已引起海內外台灣人的恐慌、憤怒。很多人大聲呼籲，綠營一定要驚醒、團結、拼命，在2010年底縣市長、2012年立委和總統大選中把馬政權和馬英九一一拉下馬。

　　但是，也有很多台灣人實在再也看不下去，失望、氣憤到了極點，開始大聲呼喚，文的，民主的聲音，馬英九根本不聽，無效，為了維護台灣國家主權、人民尊嚴，台灣人已別無選擇餘地，只有動武，發動人民的力量，走上街頭，群起反抗，甚至揭竿而起搞革命，推翻馬政權。這是最後的選擇，是險路、絕路，最好不必走、不要走。

　　馬英九就位後台灣變成「地區」，說他是「中國人」而且是中國「國」的人，雖也是「台灣人」但不是台灣「國」的人；讚美胡錦濤的領袖風範和中國的進步，歡迎陳雲林、張銘清等中國統戰頭子訪問台灣，給予貴賓招待；以時機不宜，拒絕達賴喇嘛訪問台灣；大肆推動三通、ECFA等「一中」經濟政策，門戶大開；外交休兵，不再爭取以主權國家身份進入UN、WHO等國際組織，等

等快速去台灣化、去國家化、向中國傾斜、投降的動作，令很多台灣人看得目瞪口呆、怵目驚心。

他不僅恢復中正紀念堂和對蔣家父子屍體的封建禮拜，帝王式地開大門進孔廟，還從台灣遙拜前古時代神話的黃陵，真令人看傻了眼，不知今夕是何夕？現代台灣是何國？民主是何物？

有了馬英九的大中國情結，江丙坤的「中國傾斜」論、妻子做中國人生意、兒子在中國開公司、賺中國錢，也就理直氣壯。

台灣負責國家安全的國安會秘書長蘇起，讓妻子陳月卿跑去中國賣書。陳夫人還大言不慚地說，他可以去美國、日本，為什麼不能去中國？如是敵我、敵友混淆不分、是非不明的國安頭子，全世界除了台灣的蘇起外，大概哪裡都找不到同樣的品種。

不過，馬總統以前也講過，他要在美國(盟邦)與中國(敵國)之間維持「等距離」關係。有如是敵我、敵友不分的總統，有同樣敵我、敵友不分的國安會秘書長，可謂絕配。台灣人民選馬英九，只能怪自己沒長眼睛。

蘇起不算什麼。在今日台灣，唯一可以比美馬英九的，非創建台灣第一大廟佛光山的星雲法師莫屬。他的佛光寺廟遍及世界5大洲，佛法無遠弗屆。

戰後身無分文的落難和尚，逃亡到台灣，獲得台灣、尤其是南台灣人的熱情支持，建構了龐大的佛教王國，真的是吃台灣米、喝台灣水成大業的大和尚。

星雲仍有強烈中國情結，要去中國建廟弘法，可以理解，但他明知中國共產黨無神論，60年來殘酷迫害宗教，還大搞他的「政治和尚」伎倆，與中共領導層你來我往，不僅要去中國建廟弘法，還被邀請以貴賓身份出席2008年北京奧運，開幕式被安排坐在胡錦濤旁邊，被中國傳媒大肆宣傳。

更有甚之，星雲最近被中共統戰，出名召開世界佛教論壇大會，轟動全球佛教界。該大會開幕在中國無錫、閉幕在台灣台北，在無神論的中共統戰官員、和胡錦濤血腥鎮壓西藏的宗教局長葉小文全程指導下，歹戲拖棚，演出荒腔走板的宗教政治戲，讓很多台灣人民實在看不下去，氣得「幹」聲連連。

星雲更在中國口出狂言，胡說八道，說台灣沒有台灣人、只有中國人。還莫名其妙地勸說，達賴喇嘛要認識清楚自己是中國人。

這一席話被中國官方媒體大肆宣傳，傳到台灣掀起軒然大波，很多台灣人群起抗議。有人跑去佛光山示威，迫使大廟關門封山。還有人呼籲台灣人不要再「飼老鼠咬布袋」，捐錢給佛光山。

事後，佛光山才知道代誌大條。星雲似乎也才驚覺，他捅了一個大馬蜂窩，趕緊低調辯說，他沒說過那些話，他僅說佛法，指的是「地球人」。他的解說當然避重就輕，軟弱無力。他玩政治遊戲，卻又說他不懂政治、不搞政治，誰信？

這些日子，很多台灣南部星雲的信徒開始聽到由佛光山傳出的耳語，說星雲年事已大，有了8旬老人的通病，話常說不清楚，事情常記不住。他老人家這次在中國發言出事，完全是被中共統戰官員設計，他的發言也被中共媒體斷章取義、扭曲報導。

佛光山的說法是，星雲發言時，只有中國媒體在場，台灣媒體被調虎離山，請去遊無錫太湖了。

這些傳言，虛實難辨。可以確定的是，不管是心甘情願還是被迫配合演出，聰明一世、年老體衰的星雲，這次真的踢了鐵板，被無神論的統戰官員當傀儡利用，向他的百萬信徒，說出中國專制政權最希望他說的話。

中共官員的司馬昭之心，路人皆知，只有星雲不知。可憐啊，一代大師！可惡啊！無神論的中共官員，以前嚴酷迫害宗教，現在無所不用其極，政治操作，利用(毒藥)宗教麻醉人民，鞏固他們的專制政權，連80多歲的老和尚都不放過，把他的最後剩餘價值都要無情用盡。

星雲的中國迷障，也是馬英九、蘇起等人的中國迷障。他們頭殼壞了，不知死活，要玩此必死無疑的亡國遊戲。台灣人民如還不覺醒，不知死活，讓他們玩下去，那就等死吧！

(2009.04.11)

# 不是芬蘭化是香港化

2010.04.30，馬英九接受CNN的名記者Christiane Amanpour衛星連線專訪，在記者追問下，說出「我們永遠不會要求美國為台灣而戰(We will never ask the Americans to fight for Taiwan)」。他使用「never」一字，在台灣掀起政治千層浪，令藍營人士傻眼，更被綠營人士罵得臭頭。

其實不值一罵。馬英九根本不僅不視中國為敵國，還視其為母國，要「終極統一」，當然不會要求美國為台灣與中國一戰。

馬英九的「一中」信念很清楚，他一定配合中國的和平統一政策。如果中國和平統一不成，動武打台灣，馬英九不僅不會要求美國派兵協防，也不會帶領國軍奮戰到底、到死保衛台灣，而會舉雙手投降，甚至像吳三桂一樣引清兵入關，把民主台灣奉送給專制中國。

這樣透明的馬英九，實不值浪費筆墨評論。我想評論的是最近美國《外交事物》(Foreign Affairs)期刊(2010.1/2和5/6月份)刊登的兩篇有關台、中、美戰略關係的大作：

1. 是Bruce Gilley的《Not So Dire Straits: How Finlandization of Taiwan Benefits U.S. Security》(《台灣海峽不那麼危險：台灣的芬蘭化如何有利美國安全》)。

2. 是Robert Kaplan的《The Geography of Chinese Power: How Far Can Beijing Reach on Land and at Sea?》(《中國的權勢地理：北京的海陸權勢能延伸多遠？》)

兩文在台灣曾引起注目，但沒被太重視，也沒被深入分析。

在國際政治學的理論派別上，Gilley應屬自由主義(liberalism)，Kaplan 屬現實主義(realism)。前者主張接觸、談判、和解、和平，後者強調權勢(武力)對立、制衡、平衡(balance of power)，甚至不惜一戰。

Gilley認為馬英九正在把台灣芬蘭化，讓台灣與中國關係變成類似二戰後芬蘭與前蘇聯的關係。他認為此大小兩國依賴、和解關係可維持台海和平，可為美、台、中帶來3贏效果。

他的想法是，美國面對海峽兩岸關係的改善，應該抓住機會，擺脫因《台灣關係法》(TRA)而需要協防台灣可能與中國一戰的戰略困境。

芬蘭在19世紀被沙皇俄羅斯統治，1917年德國支持下成為獨立國家。獨立後，1918-1920年介入俄羅斯的內戰，1940年投靠納粹德國。二戰末期，芬蘭體會到自己沒有能力抵禦蘇聯的武力威脅，國際上亦無援可靠，覺悟到其自身安全必須依賴自己力量，於是，決定不違背蘇聯的意旨，以確保其自身的獨立自主。

1947年巴黎和約後，芬蘭的民主與國會制度雖然得到保留，但面臨蘇聯的威脅，有必要與蘇保持友好關係，而

於1948年與它簽訂《芬蘇友好、合作、互助條約》。芬蘭附和蘇聯安全利益，在遭遇外來侵略時，可以向蘇聯求助。由於該條約，芬蘭要遠離境外大國權勢政治，在冷戰中維持中立。

在40年東西冷戰中，雖隨時可能被蘇聯侵佔，但因歐洲權勢平衡的維持，芬蘭安然無恙經過1989年東歐共產主義的崩潰，存活到現在，並蓬勃發展。

Gilley舉台灣以觀察員身份參與世界衛生大會(WHA)年會為例，認為馬英九傾中，推廣經濟合作，改善關係，推行外交休兵，與美國等盟邦疏遠，維持安全距離，也即馬英九正在推展台灣的芬蘭化。

Gilley認為，馬英九急著要和中國簽訂ECFA，隨後要訂「和平協議」，就是這個芬蘭化的前進步驟。

不過，他也客觀認為，要有此台灣芬蘭化的雙贏局面，馬英九要能獲得中國同意：台灣需要增加在國際上的聲音與活動空間，如台灣在WHA觀察員的地位須永久化，台灣須有對外協談建立自由貿易協定(FTA)的自主權，中國針對台灣的1000枚導彈，須確實撤除。還有，要簽訂「和平協議」應保證，除了台灣在被外力侵犯或在取得法理獨立外，中國不得對台灣使用武力。

馬英九也需答應：減低對外採購武器，兩岸統一是長遠的一個選項，如芬蘭的經驗一樣，台灣必須約束其反中的活動與言論，在軍事上與美國保持距離。這幾點，馬英九正在作。

　　Gilley也強調，更重要的是，馬英九必須保證，台灣人享受的自由民主將不受傷害。這一點，馬英九做不到，中國也不會同意。

　　對Gilley，台灣的藍綠都意態兩極反彈。馬政府認為，Gilley貶低台灣(ROC)的國家主權地位，Gilley用二戰後的芬蘭局勢來描述目前的兩岸關係，既不正確，也不合理。

　　駐美代表處以《台北不是赫爾辛基》為題投書反駁（《外交事務》，2010.5/6月號），指出台灣與中國過去半世紀的關係，剛好與芬蘭化背道而馳。60多年來台灣一直與美國維持盟友的關係，堅定支持美國的區域利益；在核心價值及自由受到挑戰時，絕不妥協。此外，中國從未支持台灣自治，或尊重台灣的民主，反而在外交上極盡打壓，在軍事上則部署越來越多的飛彈威脅台灣安全。

　　這些話，言不由衷，是說給美國人聽的。在台灣，馬英九沒說同樣的話，如說了，聽起來滿刺耳的。

　　綠營則反駁，說Gilley太高估了馬英九傾中政策的主權維護能力，馬英九根本不在把台灣芬蘭化，而是把台灣香港化，在出賣台灣國家主權，一步一步要把台灣先鎖入「一中」市場，「先經後政」，再一步一步推向「一中」政治統一的死路。

　　在維護國家主權上，Gilley的芬蘭化比馬英九的「終極統一」起碼高明一點。戰後60年來，芬蘭雖屈服於前蘇聯的權勢威脅下忍辱求生，但它並沒接受、其實反對蘇聯

擁有芬蘭主權的「一蘇」原則，堅持芬蘭是主權獨立國家，並一直是UN的會員國，在艱辛的國際政治環境中努力維護國家主權。

還有，蘇聯雖然虎視眈眈想併吞芬蘭，但還一直承認芬蘭是主權獨立國家，並讓它加入UN及其他國際組織，也沒有一再聲稱「芬蘭是蘇聯自古以來不可分割的領土」。

Gilley的自由主義看台灣，太天真，看錯很多地方。他的台灣芬蘭化必備內涵，馬英九應具備的條件及中國需給予台灣的生存空間，都是書生之見，一廂情願，不切實際。實事求是地看，民主台灣的人民與專制中國的共產政權都不可能接受。

芬蘭和蘇聯國界僅隔一條河，蘇聯要揮兵入侵，易如反掌。台灣和中國隔著一個天險的台灣海峽、黑水溝。台灣國力、軍力也不弱，比芬蘭強多了，有一定自衛能力。台灣沒有接受Gilley的芬蘭化的必要。

更重要的是，和芬蘭孤立無助的地緣政治不同，台灣位據西太平洋重要戰略位置，對日本、美國及東南亞的戰略安全、區域和平非常重要，尤其對美國在西太平洋的戰略利益，有一定的「不沈的航空母艦」(Douglas MacArthur的名言)的戰略價值。

Gilley要美國因台灣的芬蘭化而放棄協防台灣的TRA，並不一定符合美國的安全利益。在戰略上，台灣需要美國，美國也需要台灣。

　　這就是現實主義的Kaplan的權勢地理戰略看法。
他的大作，一開始就提到英國地理戰略學家Sir Halford
Mackinder的1904名言：如果中國崛起權勢擴張必成「黃
禍」(yellow peril)。Kaplan 雖不認同此言的種族歧視意涵，
但無疑地，他視中國崛起為區域甚至全球性的安全威脅。
不僅對美國、日本和台灣，甚至對俄羅斯也可能構成威
脅。

　　美、日、澳諸國這些年來的國防白皮書，雖不明指、
但也確實暗示此中國威脅的存在。由此現實主義戰略論述
為主軸，Kaplan認為，為了西太平洋的區域權勢平衡與戰
略安全，及美國的國家利益、戰略考量，美國應視台灣為
「不沉的航空母艦」，是美國亞太地區戰略結構不可或缺
的重要因素。

　　因此，Kaplan認為，美國應與台灣維持戰略聯盟關
係，發展不對稱戰力，在TRA下維持戰略模糊，讓中國不
敢輕舉妄動，發動侵台戰事。

　　Kaplan 舉藍德公司(Rank Co.)2009年的戰略研究報告指
出，以目前台海兩方武力消長的嚴重情況，美國到了2020
年將難以保衛台灣免於中國的武力侵略。中國近年大肆增
強武力，尤其是海空軍及彈道飛彈的快速發展，就是要阻
絕美軍介入台海戰事。

　　他警告，如果美國放棄台灣，不僅日本、南韓、菲律
賓、澳洲等亞太盟邦，甚至連印度及非洲國家都會懷疑美
國戰略承諾的可信、可靠性。

　　他認為，美、台聯盟發展不對稱戰力，不是為了在台海戰爭中打敗中國，而是要中國發動戰爭的代價太高，不敢輕舉妄動。如是，美國就能在中國自由化、民主化之前，使台灣能保持其自由民主的獨立存在。

　　比較地看，Gilley的芬蘭化理想主義色彩太濃，太遠離現實。Kaplan的現實主義，比較合乎台灣海峽的真實現況。

　　台灣不是芬蘭，要芬蘭化，2300萬台灣人民不一定會接受。事實上，馬英九不是要把台灣芬蘭化，他沒那願景，也沒那能耐。他溫水煮青蛙的傾中政策並非芬蘭化，而是香港化。

　　比起被芬蘭人敬重的芬蘭化領袖Urho Kekkonen，馬英九還真差很大。Kekkonen忍辱負重在維護芬蘭國家主權，馬英九處心積慮在推動他的「反獨促統」的統一大業。

　　至於馬英九對美國說never，對中國拼命說yes，連國名、國旗、總統稱呼都可以扔掉，Kaplan替他建構的台美聯盟的戰略論述，他也一定聽不進去。

(2010.05.06)

# 中國不像英國、台灣要像愛爾蘭

英國的哲學家霍布斯(Thomas Hobbes)，所著的《利維坦》(Leviathan)，爲之後的西方政治發展奠定了哲學基礎。其有關人民與國家關係之論述是，人生而平等，國家是個人爲了確保基本人權與福祉，透過社會契約制訂法律而建立的。此論述是民主政治現代文明的根本精神所在。

美國獨立革命宣言指出，「任何統治者若不能保護人民的自然權利，人民即可將之推翻」，則是現代民主政治的行動綱領。美國建國先烈就是根據此主權在民的精神制訂美國憲法。

現代文明的涵意，學理上，會有爭論，加上意識型態，可以爭得錯綜複雜，面紅耳赤。但大部分世人都同意，人類歷史發展到今天，在人民與國家(政府)之間，人民是主，人民比國家重要，政府是僕，在人民之下，由人民管制，服務人民。人民享有自由民主人權是普世認同的基本價值，應優先考慮，並以維護此普世價值爲主要目的建立國家(政府)的功能、架構、運作模式。

是故，現代國家的憲政體制應由人民經過民主程序制訂，以保護人民的基本人權。國家、政府及其憲政體制，以民有民治民享爲其主軸，由人民決定，爲人民謀福利，

解決人民之間的爭執。人民可以更換國家，更可以更換政府、憲法。

是故，台灣總統馬英九最近媒體訪問說出「台灣前途根據憲法決定」的話，違背現代文明的基本精神、民主原則，是民主政治白痴說的話；由專制中國的胡錦濤說出，可以理解，由民主台灣的馬英九說出，令人錯愕、不解。

1947年在中國南京制訂的「ROC」憲法，1949年之後在台灣被蔣介石凍結，行近40年的戒嚴統治，並經過7次頭痛醫頭、腳痛醫腳、甚至頭痛醫腳的修憲，修得面目全非，成憲政怪獸。馬英九卻要用這部與台灣人民無關、違背台灣人民自由民主人權的恐龍憲法決定台灣前途，不是恐龍總統說的恐龍話，是什麼？

君不見，連世上最保守專制的回教文明的中東、北非阿拉伯國家，最近爆發茉莉花革命，人民要求的就是自由民主人權，馬上要做的就是制訂新憲法，建立新的民主憲政秩序。

其實，從英國《大憲章》開始，到美國獨立革命、法國革命、二戰後的德國和日本，再到蘇聯崩潰後的第三波民主化及目前風起雲湧的第四波民主化，新的國家(政府)一開始都是立即創制合乎新的國家情勢的新憲法。共和法國樂此不疲，一共制訂了5部共和憲法。

60年來，台灣早就應該正名制憲，由台灣人經過民主程序制訂一部合乎今日民主台灣政治現實的新憲法。有此新憲法，馬英九要談「憲法決定台灣前途」也才有現代文

明的道理。

同理，以現代文明的內涵和標準來看，最近英國女王Elizabeth II破冰之旅訪問愛爾蘭，也就顯得特別有意義，令人感動。

1534年英國開始武力征服、統治愛爾蘭。數萬英格蘭和蘇格蘭的新教徒(Protestants)移居愛爾蘭，殖民高壓統治，在原本是天主教為主的愛爾蘭種下宗派之爭(sectarian conflict)，愛爾蘭人爭取自由、自治的抗爭從沒停止，死傷慘重。

受到法國革命的影響，1798年愛爾蘭人發動暴力革命推翻英國統治，被英國鎮壓，血流成河。

1801年，殖民統治愛爾蘭的英國乾脆廢止愛爾蘭國會，把愛爾蘭併吞為大英帝國的一部份(an integral part of a new United Kingdom of Great Britain and Ireland under the Act of Union.)。不過，英國也做了讓步，讓天主教徒享有一定政治權利，但，獨立革命運動此起彼伏，從沒間斷。

19世紀末，愛爾蘭民族主義(天主教徒為主)興起。在Daniel O'Connell、Charles Stewart Parnell等領導下，愛爾蘭人爭取「自治」(home rule)，但因北愛爾蘭人(清教徒)的抵制和英國的反對，功敗垂成。

終於導致1916年的復活節起義(Easter Rising)，愛爾蘭民兵(Irish Citizen Army)與英軍兵戎相見。英國大軍壓境，屠殺民兵領袖。結果，1918年愛爾蘭大選，獨派的Sinn Féin黨大勝。1919年該黨逕自宣佈成立愛爾蘭共和國，英國鎮

壓，雙方打了3年的遊擊戰，最終英國師出無名，打不下去，只好停戰、讓步，讓愛爾蘭獨立，不過，仍堅持愛爾蘭要對英皇忠誠宣誓(oath of allegiance to the British Crown)。

要到1937年，根據西敏寺條款(Statute of Westminster)，愛爾蘭才廢除對英皇的忠誠宣誓，終於獲得100％的國家主權獨立。

2011年5月17日，是自1922年愛爾蘭獨立以後，英皇(Queen Elizabeth II)第一次國是訪問愛爾蘭，突破、結束了愛、英兩國數百年的恩怨歷史。

她的第一站，就是穿了綠色(愛爾蘭國色)衣服，親臨愛爾蘭首都都柏林的Garden of Remembrance(戰爭紀念公園)，拜祭當年為愛爾蘭獨立戰爭被英軍殺死的英靈，可謂善意出盡。之後，她在愛爾蘭國會發表演講，承認過去英國殖民統治愛爾蘭的錯誤。

政論家司馬文武評論：「愛爾蘭獨立過程是一頁波瀾壯闊、血淚交織的史詩，但大英帝國對愛爾蘭的高壓統治和不公不義，百年後已成歷史陳跡，英國女王這次的訪問，為兩國的百年恩怨劃下句點。」

他還指出，「英國有600萬人來自愛爾蘭，比愛爾蘭人口還多，他們看同樣電視，聽同樣音樂，開同樣玩笑。時間是最好的解藥，經過一百年的血淚，愛爾蘭終於和英國互稱兄弟之邦了。」

5月23日，美國總統歐巴馬在英女皇之後訪問愛爾

蘭，他也深受女皇的言行感動，而說出，女皇不僅向英國和愛爾蘭、還向全世界送出強烈的和平資訊、「希望的漣漪」(ripple of hope)。之後，歐巴馬國是訪問英國，在西敏寺國會演講，強調民主價值的伸張是世界和平安全的基石。

在獨立革命戰爭中，愛爾蘭和英國、美國和英國，都曾是殖民統治者與被統治者之間的仇敵，相互殘殺。如今都在自由民主人權的普世價值下成為兄弟之邦、戰略盟國，合力主導現代文明的全球化、「歷史終結」化。

可惜這個「希望的漣漪」並送不到中國和台灣。專制中國的胡錦濤聽不懂，台灣的馬英九也莫宰羊。

60年來台灣人追求自由民主、主權獨立的心情，和100多年前愛爾蘭人一樣。當年英國也可以硬拗說「愛爾蘭自古是英國的領土」，強硬軍事壓制愛爾蘭獨立，但英國是民主現代文明國家，到頭來捫心自問，自知理虧，鎮壓無理，而不得不讓愛爾蘭自由獨立建國。

面對已成普世價值的現代文明人權觀念，中國比100年前的英國更應讓台灣人走自己的獨木橋、建立自己主權獨立的民主國度。

不幸的是，中國不像英國，還停留在上兩個世紀的民族主義、國家主義的帝國時代，不願接受現代文明，自由民主現代化，不讓台灣人民根據現代文明的普世價值決定自己的命運。

面對這個專制中國，台灣像愛爾蘭，為了2300萬人民的自由民主人權，非要寫出「一頁波瀾壯闊、血淚交織的

史詩」不可。中國要暴力統一台灣，台灣人民就應誓死抗拒、戰鬥到底。這是台灣人很難逃避的命運，也是作爲台灣人的悲哀。

　　假如馬英九不顧台灣人民的自由民主願望，硬要推動他的大中華主義的「終極統一」議程，與專制中國統一，台灣人民就應該根據美國獨立革命宣言的「人民的自然權利」，推翻馬英九的國民黨政權，把馬英九掃入歷史垃圾堆。

(2011.05.29)

# 真可惡！
# 馬英九把台灣作小、作沒了

　　2011年初，突尼西亞爆發茉莉花革命，星星之火燎原，把中東、北非阿拉伯世界燒得烽火連天。歷史長河的意義是，以伊斯蘭為主軸的專制、甚至神權的回教文明，經過百年來3波民主化的洗禮，無動於衷，終於被茉莉花革命沖擊得分崩離析，搖搖欲墜。由人民力量推動的人民革命，要求自由民主，開始在阿拉伯世界破繭而出，大有觸動第4波民主化的歷史趨勢。

　　從突尼西亞、埃及、巴林、利比亞到敘利亞，這個阿拉伯之春，半年多來帶給世人感動、希望，卻也讓人看到不停的動亂、殺戮、血流成河，令人失望。短期看，自由民主似乎無望，很多人都失望，但我認為長遠看，民主種子播散遍野，一定會生根、發芽、開花、結果。

　　這是人類文明發展的必然，但目前看來，殺戮戰場、血流成河的悲劇，還要歹戲拖棚，死傷慘重，令人憂心。

　　中東另一大河悲劇，以色列和巴勒斯坦的歷史仇恨，目前不僅無解，還惡化，這個殺戮戰場還要殺下去。巴勒斯坦本身又有西岸與加薩走廊的分裂，建國之路近在咫尺、遠在天邊。

　　巴勒斯坦人雖不團結，外又有強敵以色列重兵壓境，獨立建國困難重重，但是，人家有志氣、有決心，獨立建國的終極目標，堅定不移，前仆後繼，死再多也不放棄。

　　所以，他們受到很多世人的同情、支持。不管以色列如何反對、壓抑，巴勒斯坦有朝一日一定圓夢，成為主權獨立國家，這是歷史必然。

　　巴勒斯坦1974年被UN邀請為觀察員，雖非主權國家卻為政治實體。最近西岸的巴勒斯坦當局(Palestinian Authority)宣布近期要向UN申請成為正式會員國。這個宣示，馬上擊起千層浪。雖然以色列堅決反對，並運作其龐大影響力，尤其在美國，不讓巴勒斯坦得逞，但其彰顯的主權決心與毅力，已獲120多個UN會員國的表態支持。美國會用安理會的否決權否決，但能擋一時不能擋長遠。巴勒斯坦成為UN會員國的結局，也是歷史必然。

　　中國1950年侵佔西藏，1959年達賴喇嘛帶領西藏起義反對中國殖民統治，失敗後流亡印度北部達蘭薩拉，至今50多年。2011年達賴宣布民主改革，退出政治，政教分離，3月20日舉行民主選舉，8萬多留居海外的藏人投票，選出哈佛大學年輕學者洛桑桑蓋(Lobsang Sangay)為新的總理。

　　這些年來，達賴走遍世界，看很多，學很多，思想開放、前進，主張溫和民主改革。在他一手主導下，西藏流亡政府由神權大躍進成為民主政權，備受世人稱讚。除了台灣，其他民主國家，達賴都能暢行無阻，很多總統、總

理也都對他禮遇有加。他去美國訪問，歐巴馬總統都在白宮接見。

洛桑桑蓋(2011.08.16)在《紐約時報》發表論述，指出中國1950年入侵西藏後是殖民、不是社會主義統治，殘酷壓迫西藏宗教、文化和環境生態。

他宣稱要遵循達賴的溫和路線，不求西藏獨立，只求在中國統治下給西藏高度自治，保存西藏文化和宗教自由。

為此，達賴數10年來要求和北京對話，北京根本不理。達賴的訴求獲得世界各國的認同，但對中國有如狗吠火車。對達賴，中國都吃夠夠，當然更不會善意回應，接受洛桑桑蓋的理性訴求。

西藏人的悲哀比台灣人的悲情更沈重，但西藏在國際社會享有更高的同情、尊敬。台灣在經濟上領先上述各國，在實質主權享有上，也比西藏、巴勒斯坦超過很大。隔著台灣海峽，1949年PRC建國以來，主權、治權從來沒有跨過黑水溝。台灣一直是主權獨立國家。到1971年，台灣還是UN會員國及UN安理會的常任理事國。在民主化上更比中東阿拉伯國家進步超多。

有如是優勢，馬英九2008年上台後卻外交休兵，接受「一中各表」的「九二共識」，不再申請進入UN，以「Chinese Taipei」甚至「中國一省」之名，成為有名無實的WHA觀察員，並得中國「善意」讓台灣維持毫無意義的23個迷你小國的邦交關係，就沾沾自喜。

　　把台灣搞成這副德行，眞是自作孽不可活。2012年總統大選逼近，被罵「外交休克」、主權流失、投降中國，被罵急了，馬英九黑白講，拼命爲自己辯護。由外長楊進添(密案，《蘋果日報》)替他說出下面兩段是非不明、黑白顚倒的話：

　　批評政府「外交休兵」爲「一廂情願」且「邏輯錯誤」，實已嚴重扭曲馬總統之「活路外交」政策。所謂兩岸「外交休兵」，係指彼此不再於國際場域以不當及耗費不貲的方式惡鬥、互挖邦交國，而代之以在普世價值上進行良性競爭，使兩岸關係與我對外關係形成「良性循環」，並提升我國際地位，增加國人與國際接軌機會與獲得國際尊嚴。

　　因此，「活路外交」絕非單方依賴中國的善意或「恩賜」，而是基於我改善兩岸關係之政策，在此方面共創雙贏，使北京亦不願因一、二邦交國之得而花費鉅資並損害兩岸關係良性發展。

　　眞是大言不慚，滿口胡言亂語。楊部長說的「普世價值」所指何物？是台灣的自由民主？中國會在此普世價值上與台灣良性競爭？讓台灣提昇國際地位？獲得國際尊嚴？

　　他的「活路外交」可以使中國讓台灣參加UN？變成WHO會員國？和其他170多個沒邦交的國家建立邦交？讓台灣和其他國家簽訂FTA？讓台灣(ROC)的國名、國旗、國歌在國際場合自由出現？更不要講，讓台灣人民經過民主

程序決定自已的命運？

楊部長眞的在作白日夢，夢話連篇。

還有，台灣WHA觀察員身分不是中國「恩賜」是什麼？中國不把與台灣有邦交的23個迷你小國全部「買去」，不是「恩賜」是什麼？中國與台灣簽訂ECFA、「讓利」給台灣，不是「恩賜」是什麼？

當然都是「恩賜」，也是統戰的釣餌，給甜頭，要馬英九接受「一中」統一，要騙台灣人民投票給馬英九。中國騙馬英九，馬英九騙台灣人民，眞是騙人夠夠。

行文至此，驚聞專制統治利比亞42年的狂人格達費(Muammar Gaddafi)終於下台，敘利亞的獨裁者阿塞德(Bashar Hafez al-Assad)也氣數已盡。目睹此歷史情景，抱著胡錦濤大腿的馬英九和支持他的台灣人還不惡夢驚醒、回頭是岸、擁抱「台灣意識」(台灣認同)，那我這七旬老蕃薯也只好擲筆浩嘆：罷了！

(2011.08.11)

# 「台灣共識」的迷思與興建

　　台灣實在是一個不正常的國家。藍綠、統獨的國家認同、意態分裂、權力鬥爭，非常兩極、激烈。一邊認同中國，主張與中國統一；一邊認同台灣，主張獨立，與中國維持國與國的關係。兩邊意念、立場分明，沒有共識。

　　所以，2011年底台灣總統大選、兩英大戰進入最後決戰時刻，從台灣打到美國、日本，砲聲隆隆，短兵相接，刀刀見血。令人看得眼花繚亂，卻又哭笑不得。

　　蔡英文提出的「台灣共識」，馬英九說像預售屋，沒人知道內容是什麼。馬英九堅持的「九二共識」，蔡英文說根本不存在，是虛擬的，也沒人知道是「蝦米碗糕」。

　　其實，雙方都在裝蒜，打迷糊戰。因為綠不能接受統、藍不能接受獨，雙方立場南轅北轍，無法找到共識，因此，全盤否定對方是唯一選擇。

　　蔡英文的「台灣共識」和馬英九的「九二共識」，基本觀念、論述相當清楚。蔡、馬兩位英美名校政治經濟、國際法學博士，當然心知肚明，對方講的是「蝦米碗糕」。

　　兩位也都把話說得滿清楚。問題不是「蝦米碗糕」，而是雙方說辭有沒有道理，說得通不通，台灣人接不接

受，成不成大多數人接受的「台灣共識」。

要把問題說得天花亂墜、錯綜複雜，唬人、騙人，沒人聽得懂，不難。要把問題說得簡單明瞭，平民百姓都聽懂，也不難。

「台灣共識」就是認同台灣，認為台灣是主權獨立、自由民主人權的國家，台灣的重要國家政策，如憲政體制的制訂、修改，國名與國旗的更變，要不要納入「一中」市場、與中國政治談判、甚至與中國統一，要不要與美國、日本等民主國家建立戰略盟邦關係，都應該經過民主程序、公民投票，由2300萬台灣人民決定。

這個「台灣共識」承認PRC合法統治中國，同時享有主權和治權，但不承認對台灣擁有主權、治權，還認為其《反分裂國家法》視台灣為敵，要武力威脅、併吞台灣，不能接受。

馬英九的「九二共識」，就是認同中國，反對台灣獨立。他說，「九二共識」的內容很清楚，就是「一中各表」，這是海峽兩岸的共識；對台灣來說，所謂的一個中國當然就是「ROC」。

他說，所謂的「一中」，應指1912年成立迄今的「ROC」，其主權及於全中國，但目前的治權則僅及於台澎金馬。

他強調，在「ROC」憲法架構下「不統、不獨、不武」，與PRC「互不承認主權；互不否認治權」。

馬英九指稱「九二共識」是根據「ROC」憲法得來

的,「支持九二共識就是支持ROC」。

蔡、馬兩造說詞相當清楚,問題是:

蔡的「台灣共識」,雖論述正確,符合自由民主人權普世價值,但中國不接受,不讓台灣經過民主程序正名制憲,並因擁有UN安理會的否決權不讓台灣進入UN,也因其強權霸道不讓170個國家承認台灣是主權國度,又窮兵黷武,武力威脅台灣。

馬的「九二共識」問題是,論述錯誤。他的ROC1949年之後不再存在,1971被踢出UN後已被170個國家主權否定,只有23個迷你小國(人口數萬)還叫「ROC」(當然是用錢買的)。他的主權與治權分離論,用在台灣與中國的政治現實,荒謬絕倫,世界近200個國家,沒有這樣離奇古怪的憲政安排、說法。

馬的「ROC」出不了台灣國門,但他自欺欺人,大打迷糊戰。其實,他心知肚明「一中各表」絕不是「兩岸共識」,他自(各)表的「一中」(「ROC」),主權和治權中國都不承認、都否認。

他的「支持九二共識就是支持ROC」,在中國是莫名其妙,沒人同意、接受,在台灣也有很多人無法認同、接受。

至於他「九二共識」根據的是「ROC」憲法,問題更嚴重。他的「ROC」已被中共叛亂政權推翻,幾乎奪去全部「固有領土」。他蒙著眼睛說瞎話,不承認PRC的主權,不否認PRC的治權,不再根據「ROC」憲法視中共政

權為叛亂集團，絕對違背「ROC」憲法，觸犯「ROC」刑法的內亂外患罪。

台灣的問題是，不管我認為蔡英文的「台灣共識」多麼有理，馬英九的「九二共識」多麼無理，2300萬台灣人民並沒有共識。雖然蔡英文的「台灣共識」越來越多人認同，馬英九的「九二共識」越來越少人認同，但離開大部分(80%)台灣人認同「台灣共識」，拒絕「九二共識」，還有一大段距離。蔡英文還要「革命尚未成功，同志仍須努力」。

台灣的命運多舛，面對虎視眈眈的專制中國，唯有80％的台灣人民認同、支持、甚至願為蔡英文的「台灣共識」灑熱血、拋頭顱的時候，專制中國才不敢輕舉妄動，動武打台灣，世界其他170個國家也才會承認台灣主權存在，甚至會援助台灣，不讓中國武力併吞台灣。

馬英九的「九二共識」明明是「中國」共識，他卻混淆視聽，黑白講，硬說也是「台灣共識」，那是自欺欺人。問題是：很多台灣人是呆胞，被騙得團團轉。美國國務卿希拉蕊向國會報告都說，「台灣問題，很遺憾由於台灣政黨選舉操弄，台灣人自己都完全不了解自身的處境」。

2012年總統大選，雖是「台灣共識」與「中國共識」的決戰，但馬英九抹黑「台灣共識」、漂白、掩飾「中國共識」、甚至欺騙台灣人民得逞。「台灣共識」前景並不看好。

(2011.09.25)

　　補記：1998年馬英九選台北市長，在阿輝伯的加持下，喊出：「我是吃台灣米長大的新台灣人！」2008年選總統時，他說，「我是中國人，也是台灣人。」但是選後，他修正說，「我是台灣人，但不是台灣國的人。」就是說，他的「我是中國人」，指的當然是中國「國」的人。

　　2012年大選之前他曾說「台灣是我的家園，中國是我的國家」。投票前夕，選情緊張，他慌忙拋出「台灣是我的家園，中國是我的國家，台灣也是我的國家」。

　　還有，大選前，他一再強調「九二共識」、「一中各表」。選後他馬上派吳伯雄跑去北京向胡錦濤提出「一國兩區」(台灣和大陸都屬一個中國)的表述。

　　2012.01.14大選，馬英九以51.60%得票率當選，蔡英文以45.63%敗選，宋楚瑜僅得2.77%選票。5月20日就職前，馬英九的民意支持大肆下落，一度落到15%。

　　2012.05.20，馬英九連任就職演說，明確拋出「一國兩區」論述，他表示，依據憲法，中華民國領土主權涵蓋台灣與大陸，目前政府的統治權僅及於台、澎、金、馬；換言之，20年來兩岸的憲法定位就是「一個中華民國，兩個地區」，且「歷經三位總統，從未改變」。

　　對於馬英九上述主張，李登輝特別透過臉書反駁。阿輝伯質疑，領導者不識歷史，扭曲歷史，不知要將台灣帶往何處，令人擔憂。

　　阿輝伯指出，我國歷經終止動戡、兩岸對等談判、國

會全面改選、總統全民直選的歷史演進，台灣已發展成為一個主權在民，民主、自由、主權獨立的國家，我國主權屬於台灣2300萬同胞，領土為台澎金馬。

老人家又表示，1999年7月9日「德國之聲」專訪，以及1999年10月27日他在美國《外交季刊》的文章，他已以總統身分向國際宣示，兩岸是「特殊的國與國關係」，我國不包括中國，不會有兩區的概念。兩岸人民條例是國內法，在處理兩岸人民事務，不涉及國家定位，以此去推論兩岸是「一國兩區」的政治定位，這根本就是扭曲歷史，不負責的行為。

他強調，中國從不接受「一中各表」，在此之下馬總統先承認一中，自我矮化，已嚴重造成台灣主權的流失，更違反主權在民的原則，根本就是民主反動、威權復辟的主張！

2012.07.29，代表馬英九，國民黨榮譽主席吳伯雄與中國政協主席賈慶林在中國哈爾濱召開第8屆國共論壇，軟土深耕，賈慶林宣稱「大陸和台灣同屬一個國家」，此「兩岸一國」再進一步否認了馬英九的「兩岸一中」、「一中各表」，也否決了馬的ROC是主權獨立國家的自表，陳的「一國」當然不是ROC。吳伯雄沒有反駁，馬英九也不吭一聲，等同不否認、甚至承認賈慶林的「一國」。

# 第二輯　民主篇

　　台灣成功的民主化，是台灣人的驕傲，名揚世界，也是保護台灣國家主權的利器。但是2008年馬英九執政後，台灣的自由民主人權都倒退嚕，令人憂心。

　　2012年大選更彰顯了台灣民主的倒退嚕。馬英九用盡奧步，利用執政優勢政策買票，動用行政資源助選，又用龐大黨產、嚴密基層樁腳吸票、買票，再用統派媒體大打抹黑戰術，最後利用紅頂商人配合中國打「九二共識」經濟恐嚇牌，有如魔獸，把小英的「3隻小豬」打得遍體鱗傷，好看但沒票。

　　那是一場不公平的選舉。馬英九小勝、小英小敗，台灣民主卻像「3隻小豬」被怪獸咬得遍體鱗傷、奄奄一息。

　　雖擁有哈佛大學國際法學博士，但深受中國專制文化和國民黨專制政治的洗禮，馬英九一生反對台灣的民主化。再讓馬英九玩弄4年，台灣還有民主前途嗎？我不看好。

# 誰在唱衰台灣的民主？

　　台灣的民主化雖然起步不久，還搖搖擺擺，但也制度基礎打定，確實穩固，並多采多姿，在亞洲名列前茅，在世界上也普受稱讚。只有在台灣和中國還常受奚落、污衊，被看得一文不值。

　　專制統治中國的共產黨，受秦始皇以來2000多年大一統專制文化的毒害，及權力慾(都要當皇帝)的支使，一方面視台灣成功的民主化爲西方帝國主義的遺毒，一方面又視她爲照天鏡，不僅不敢正視還盡力醜化，扭曲事實，硬把台灣民主多元運作必然產生的爭執，說成是嚴重弊端。進而說西方民主(民主本無東西之分)不適合、不能用於「有5000年光輝歷史的文明中國」。

　　這當然是胡說八道。其實中國人心中非常認同、羨慕台灣的民主。他們看到台灣人可以日夜罵阿扁，罵得口沫橫飛而不會被抓、被殺，心裡不知多麼嚮往。

　　當然讓我們最氣結的是，台灣泛藍、尤其領導菁英和統派媒體，一再醜化、唱衰台灣人賣命打拼、流血流汗打造成的民主大廈。如連戰、宋楚瑜、馬英九之輩，7年來言行都常破壞台灣民主形象。

　　泛藍立委在國會爭權奪利，不顧人民的生活、不理國

家的安全，一天到晚都在吵架、抹黑、爆料，其惡言惡行，真是罄竹難書。從他們的惡劣表現看台灣民主，怎麼不令人看得目瞪口呆，認為台灣民主是鬧劇？成龍罵台灣的總統選舉是天大笑話。

再經過心懷叵測的統派媒體添油加醋亂報一通，只要有一顆爛蘋果，他們都要報是一桶爛蘋果，台灣民主之爛當然更是盛名遠播，世人皆知。

2006年底北高市長選舉，本來台灣人有智慧，做出優質的民主抉擇。但國民黨就是輸不起，加上統派媒體的煽風點火，明明選舉公平都被他們搞得像不公平，好像民進黨、選委會都在作弊。

還好，人家外國新聞媒體並不像台灣統派媒體那麼爛，他們都有一定的專業水準。

英國權威雜誌《經濟學人》(The Economist)指出，儘管台灣貪污腐敗的醜聞籠罩，但台灣的民主仍十分健康，不過，如果要讓台灣的民主更穩健，必須積極進行改革。這篇以《年輕的熱情》(Youthful Enthusiasm)為題的報導指出，和其它亞洲鄰近國家由極權轉型到民主動盪不安的過程相比，台灣的民主化過程足為典範。

新加坡的《聯合早報》，以社論評析，認為北高市長選舉讓藍、綠守住「北藍南綠」堡壘，將形成雙峰對峙格局，也讓「馬英九神話」破滅，對國民黨主席馬英九2008年爭取總統大位之路有所懷疑。

社論指出，原因是國民黨強調，這次選舉是對馬英九

的信任投票，馬英九也全力以赴，積極助選。不過，台北市長雖由國民黨推派的候選人郝龍斌勝出，卻比前任流失了18萬張選票，而高雄市則「應勝不勝」，都說明馬英九「票房保證」已魅力大減。

《洛杉磯時報》(Los Angeles Time)報導說，北高兩市市長選舉的結果，給了陳水扁總統一個喘息的空間，但是，政治分析家認為，複雜的結果將使台灣政壇繼續勾心鬥角，直到2008年總統大選。

這一報導說，贏得高雄市長選舉，令總統府的士氣大振，因為選前的預測與民調顯示陳菊可能挫敗。選舉結果也再一次說明民進黨在草根性的選戰中表現優異。

《華盛頓郵報》(Washington Post) 則指出，陳菊在高雄險勝，應有助因貪瀆案飽受批評的陳水扁拉抬聲勢。謝長廷雖在台北敗選，但41％得票率遠高出預期，結果有利他在黨內爭取2008年總統大選提名。另一方面，對反對黨領袖馬英九而言，此次結果意味著他在2008年總統大選時，可能有場硬仗要打。

《紐約時報》(New York Times) 特派記者則指出，陳菊此次在高雄險勝，但反對黨正在尋求重新驗票，相差甚小的得票率加上因驗票產生的紛爭，會讓台灣政治分歧情形在未來幾周更加嚴重。

英國廣播公司(BBC)報導，選舉結果顯示，陳水扁政權並未如許多人預期，會因貪瀆醜聞大受打擊。

日本媒體一向肯定台灣的民主，十分關注這次選舉，

《讀賣新聞》指出，民進黨因第一夫人吳淑珍不當使用國務機要費，陷入苦戰，因高雄勝選，抑制了民進黨氣勢消退之勢。《時事通訊社》指陳總統暫時度過被要求下台的危機。《日本放送協會》(NHK)分析，民進黨在高雄獲勝，與其說是陳總統獲得選民的信任，不如說是民進黨在高雄市主政8年的政績受好評。陳總統雖暫時擺脫危機，但對其貪瀆的嚴厲批評將繼續。

反看專制中國，對台灣的民主，中國近年來小心謹慎。《人民日報》維持一貫的低調不做任何評論，引述台灣媒體的報導，除較側重國民黨在台北市「大贏」外，僅加強報導國民黨高雄候選人黃俊英不承認敗選，提出相關告訴。香港《文匯報》，則認為國民黨在高雄敗選後，馬英九2008年大選之路將陷苦戰。

總之，除了已抓狂的台灣統派媒體，世界各國，尤其是民主國家及其媒體，對台灣的民主化，2000-2006年的各項選舉，雖亂象叢生，但褒多於貶，認為是亞洲民主化的典範。

看起來實在讓我們感慨萬千，人家都把我們的民主看成寶，只有台灣的統派的「中國人」把她看成土。這樣的台灣的「中國人」，實在不要也罷！

(2006.12.15)

# 缺乏公民文化的司法菁英

民主政治實現、落實運作的基本制度面，就是權力分立(division of powers)與制衡(checks and balances)的機制建構。400多年來實踐結果證明，行政、立法、司法3權分立、制衡，是民主政治落實運作最普遍、也是最成功的制度模式。

當然成熟的民主，制度建構外還要有公民文化(civic culture)和公民社會(civic society)。從傳統社會的人治、道德主義到現代社會的法治、理性主義，就是民主政治的發展主軸。

台灣的民主化，因為歷史因素，斷斷續續、零零碎碎，慘不忍睹。制度上，3權分立(考試和監察權已名存實亡)，分得不清不楚，在行政權上，台灣既不是美國的總統制，不是英國的內閣制，也不是法國的雙首長制。

立法院更是台灣社會的亂源，一再侵犯行政權和司法權，不制訂有益國家和人民的法案，一天到晚爭權奪利，惡鬥，殺來殺去。這裡面有制度問題，也有立委公民文化修養不足的因素。

至於維護社會正義最後一道防線的司法獨立，雖已有進步，但制度面，如法官和檢察官的考試、培育和任用，公民文化面，如法官和檢察官因選用制度的偏差，而產生

的社會經驗與世界觀的嚴重不足，都讓人對台灣司法的理性獨立、公平公正產生懷疑、不安。

這次涉及總統女婿趙建銘父子的台開案，以及有關阿扁和夫人的國務機要費案，審理的法官和檢察官讓人感到疑慮，懷疑他們的心態偏頗，憲法學識修養不足，意識型態嚴重影響他們的司法判斷。

這些質疑，當然不全然有理。台灣藍綠兩極分裂、鬥爭的政治生態，讓很多人戴著有色眼鏡看事情，兩邊都有一定的意態偏見。但是，審理法官和檢察官在法庭上的一言一行，人民眼睛看得清清楚楚。他們言行可疑、可議之處實在太多。

國務機要費案的主任檢察官，不僅去中國講學、設立獎學金，令人對他的國家認同和忠誠有合理的懷疑，他還一開庭就公然宣布陳水扁是不誠實的人，未審先判。另一檢察官因壓力過大而精神失控請假，也在庭上口出怨言說，主任檢察官病倒了，但真正生病的人，是惡意中傷他的人，而且病得不輕。都是情緒發言，有失檢察官理性穩重專業形象。

對該案的嚴重違憲質疑，雖然法界人士、憲法學家都認為應由大法官釋憲解除，但根本沒有釋憲權的地院法官竟輕率口頭判斷該案無違憲之虞。審判長對體弱多病的總統夫人的出庭應詢，一再詢問、催促(躺在床上出庭都可以)，更給人不近情理之感(有人罵他沒有人性)。

3位審理法官中，竟有一位年紀不到30。一個20多歲

的年輕法官，沒有經過太多的人情世故、政治社會經驗，就要審理錯綜複雜的國務機要費案，實在令人替她捏一把冷汗。

20多歲就當法官的例子，我在美國、澳洲住了近50年都沒見過。爲此，我翻了一下澳洲的法官名冊，沒有發現一位20多歲的法官。我問了律師，得到的答案是，在澳洲，各級法官由政府任命，也有政治任命的瑕疵，但一位法官需要6年的法律系畢業、2年法律事務所實習、10年左右以上的律師實務工作經驗，還要有一定的成就、名望，才有可能被提名爲法官。再聰明絕頂的青年才俊，也要40歲左右才有可能坐上法官席位。

再看台開案，受命法官判趙建銘父子重刑，是他的權力，本不需要詳細說明理由，根據法律條文既可。但是，他洋洋灑灑寫了315頁、23萬字的判決書，像是博士論文，文情並茂、引經據典，來論述他痛恨「彼竊鉤者誅，竊國者諸侯；諸侯之門，而仁義存焉」（《莊子》〈胠篋篇〉），要伸張社會正義，因而判趙家父子「權貴犯罪」重刑，可謂用心良苦。

但是，他彰顯的傳統中國老夫子的腐朽文化心態，不完全是依法論法，讓證據說話，而是要行俠作義，高舉道德聖劍，推展階級鬥爭，主持社會正義。並把莊子都搬出來了，實在令人不知今夕是何夕，有時空倒流數千年之感。

還有，如果趙建銘父子內線交易獲利數百萬元，就是

「竊國諸侯」、「權貴犯罪」，那麼，前台北市長、國民黨主席、可能是2008年總統的馬英九，把千萬特別費匯入私人帳戶，為國民黨A數百、甚至千億國家財產，豈不更是「竊國諸侯」、「權貴犯罪」？

在西方民主國家，如趙建銘，判3年輕罪或6年重刑，應根據的情理法考量是，他有沒有前科、之前有沒有做壞事的不良紀錄。至於「權貴犯罪」又無悔意，可以納入、也可以不納入考量，那可由法官自由意志考量。

這位受命法官像是老夫子在教訓學子，原來他也是師範學院畢業、當過老師後、唸法律、特考考上的司法菁英。這個特殊現象，在1960到90年代的台灣非常普遍。念師範的子女很多來自貧窮家庭，聰明又努力，很會唸書、背書、考試，當老師後再努力唸法律，背法律條文，考過特考的大有人在。

他們都蠻優秀；但台灣司法官的遴選、培訓、任命，時間很短、過程潦草、內容狹窄、貧乏，訓練出來的法官，除了法律條文背得爛熟外，要做一位視野、心胸、學識、經歷廣闊、深厚的法官，簡直緣木求魚。

加上，那些年代，國民黨專制統治，實行愚民政策。尤其是師範學校的愚民教育，非常嚴謹、成功。思想控制老師，再由滿腦大中華主義和孔孟思想的老師來洗腦台灣年幼的學子，教出來的就是目前台灣沒有台灣意識、沒有現代民主公民文化的人民。台灣司法界也因而充塞如是培育出來的「親中反台」、主張「一中」統一的泛藍法官和

檢察官。

　　先天的憲法、法律制度本來就有很多缺點，再有制度缺憾產生的沒有民主政治公民文化的司法菁英，台灣的司法制度要真正獨立、公正運作，還真難。

　　總之，台灣的民主政治3權分立制度，殘缺不全。要根本解決這個問題，歸根結蒂還是要從正名、制憲著手，制訂一部合時、合地、合身、合用於今日民主台灣的新憲法，才是正本清源之道。

(2006.12.31)

# 台灣民主有氣有力

2008年總統大選前，民進黨候選人初選打得激烈。我寫文章勸阿扁不要搞父權主義。我呼籲，已成跛腳鴨總統的阿扁不要插手、主導民進黨初選，應讓黨員自主投票，讓民主初選程序順利完成。

我強調初選讓人民了解候選人人格特資、參政願景和政策立場的民主意義。我也相信民進黨4位天王的民主信念、經驗和修養都是一流，一定經得起考驗。不過，也認為總統選舉是權力大位之爭，初選期間一定會有激烈競爭，甚至擦槍走火，人身攻擊、抹黑都恐怕難免。

我更警告，如果初選後勝者與敗者不能一笑泯恩仇、團結一致，與沒有經過民主初選、黑箱作業、密室政治產生的候選人馬英九一決勝負，那算我走了眼、看錯人，4位民進黨天王都爛，都不是歷經百戰的民主鬥士，而是民主敗類。

我還舉美、法等民主國家為例，尤其正同時進行總統大選的法國，其左右意態之爭，政策買票之氾濫，人身攻擊之烏七八黑，比台灣有過之無不及，但人家選後，敗方馬上大方認輸，並恭祝勝方，答應合作治國。

2007年法國總統大選圓滿結束，雖然敗方群眾有不

認輸、上街頭暴亂現象(像2000、2004年連戰的國民黨)，但敗方華亞勒(Ségolène Royal)馬上大方認輸並恭祝勝方薩科奇(Nicolas Sarkozy)，態度雍容可親、笑容可掬(不像連戰2004年敗選之夜的魔鬼面孔)，並呼籲她的支持者不要走上街頭暴亂，應接受法國選民的決定。

我的文章刊出後，很多朋友認為我太樂觀、甚至太天真。他們憂心重重，認為4大天王已撕破臉，殺紅了眼，下手很重，刀刀見血，除了親痛仇快，被泛藍、統派人士、媒體看衰外，經過如此慘烈自我殘殺後，民進黨不分崩離析、自我毀滅才怪。要贏得2008年大選，談何容易。

我苦口婆心解釋，說明我的樂觀看法，朋友們都還半信半疑。黨員投票前夕爆發謝長廷涉及貪污公文外洩事件，謝長廷和蘇貞昌陷入割喉戰，殺得血肉橫飛。朋友見面都大搖其頭，氣急敗壞地大叫，「民進黨完蛋了！」、「台灣民主完蛋了！」、「台灣完蛋了！」

我還是相信台灣民主，相信4大天王，還是耐心解說。初選投票之夜，我在坎培拉開會，半夜回旅館接到老婆電話，說初選謝長廷大贏，蘇貞昌宣佈退選，游錫堃也宣布停止競選活動。這個好消息，老婆是看得目瞪口呆，不敢相信，卻也欣喜若狂，我倒沒有太感覺意外，只淡淡地說，「很好！很好！」

選後一天，最後一位天后呂副總統也從善如流，民主理性接受黨員投票結果，宣布跟進退選，並祝福謝長廷成功應戰2008，要準備治國。之後，4大天王聯袂出席記者

招待會，異口同聲要同心協力打贏2008年總統大選。

　　那是一副展現民主風範、振奮民心士氣的畫面。就此一舉，已漂亮吹響民進黨2008年大選號角，有力彰顯國民黨馬英九總統候選人的嚴重民主缺失，既沒有民主的制度正義，也沒有民主文化素養。民主一比，誰好誰壞、誰勝誰負，都清清楚楚。台灣人民再笨，也應該可以看清楚才對。

　　之前在澳洲國立大學開會，才聽到一大堆唱衰台灣民主的話，聽得我火冒三丈，跟他們吵了一架。總算這次民進黨總統初選沒有讓我漏氣。今晨(2007年5月8日)澳洲國家廣播電台(ABC)訪問我，我也理直氣壯，說台灣民主有氣有力，在謝的台灣主權獨立與馬的「終極統一」之間，台灣人一定會做出民主理性的抉擇，台灣一定會贏。

(2007.05.08)

　　後記：2008.03.22大選證明我的樂觀看法錯誤，謝蘇之間的怨恨情仇，也比我想像的深重。不過，我對民進黨黨員投票的初選制看好，有其民主制度建構的道理。

# 馬蕭配的統獨意態

馬英九被王金平拒絕後，快馬加鞭宣布，三顧茅廬獲得蕭萬長感動點頭，答應「出廬」搭檔競選2008年大位，跌破很多人的眼鏡。沒人預料到2000年與連戰搭配大敗、被認爲競選不力，之後被排出國民黨權力中心，並已淡出政壇、雲遊四海、上法鼓山坐禪的蕭萬長，會重返政治紅塵，東山再起，打出他已快被塵封的「經濟一中」，與馬英九的「政治一中」結合，要在2008年大選中幫助他的新「少主」奪回失去8年的政權。

馬英九爲何三顧茅廬請出老蕭，馬上變成議論紛紛的話題。馬英九從特別費案被起訴到被王金平一再不表態當副手的折磨，也算受盡鳥氣。這一下，馬蕭配震動武林，總算一鳴驚人，出了一口氣，讓馬重登泛藍盟主的制高點。

不過，那是政治沙漠的海市蜃樓。沒幾天，各種政治猜測，沸沸揚揚，有統派的一廂情願，也有獨派的諷言笑語，當然也有各方嚴肅的分析。馬蕭配的是是非非，是值得慎重看待。我屬泛綠，但盡量理性、客觀，分析如下：

最負面的看法是，國民黨在台灣50多年的長期專制統治，絕對權力絕對腐敗，根本只能培養說「是」的人(yesman)，無法培養雄才大略、智勇雙全、有才氣、有能力、有願景的政治人物。

李登輝是國民黨在台灣的政治異數，歷史發展中難得的「偶發人物」，算是天佑台灣。之後，2000、2004年的連戰是標準的阿斗。2008年馬英九因其被媒體包裝成功不沾鍋的清新形象，成為國民黨唯一可能贏的選擇。其實，連戰、馬英九、王金平、蕭萬長、吳伯雄、江丙坤等都是蔣家培養、御用的「是」的人物，最多算是盡心、盡力、盡責的科技官僚。

王金平是這批科技官僚的模範生，在選黨主席一戰中受盡馬英九的羞辱，之後，吊足馬的胃口，最後還是拒絕當老二，總算出了口氣，展現了一點骨氣。王金平不捧場後，流傳的一些可能人選，都不是國民黨權力中心人物，甚至有些不是黨員或不是政治人物(如不被金溥聰看好的詹啓賢)。在刀刀見骨、肆殺慘烈的台灣政治沙場上，根本都是毫無選戰經驗、無法生存，無能戰鬥的「小白兔」。

簡言之，馬英九找不到人，才找到退隱山林的老蕭。老蕭則是難耐山林寂寞，不甘過去的受氣受侮，才找「為蒼生」的崇高理想借詞而「下山」，再入紅塵，再接受群眾掌聲。證明季辛吉的權力春藥，絕對比證嚴法師的山中坐禪要吸引人。

另一現實主義的說法是，馬英九相當現實，他再笨也看得清楚，要靠連戰、宋楚瑜、吳伯雄等大統派的過氣人物幫他選勝，是不可能的任務。他們2000、2004年敗選，

這些年來去北京擁抱胡錦濤、溫家寶等「共匪」，推動「聯中(共)反台(獨)」。7年多來，台灣選民生態已向台灣主權獨立方向移動，統派的選票大量流失。馬英九2008年要贏非與統派基本教義派劃清界線不可。

其實，連王金平都不是馬英九真正要的搭檔。王馬心結重重，大家都知道，所以，馬追王是歹戲拖棚。

在連戰、王金平、吳伯雄等大老都沒被告知情況下，馬宣布馬蕭配，要與還想幕後垂廉聽政的大老們說「拜拜」之意，不言可喻。

促成馬蕭配的靈魂人物，前行政院副院長劉兆玄的一席「兩岸問題不是我們的『強項』，『救經濟』才是我們的強項」的話，倒滿有意思。

馬蕭配宣布後第一時間老蕭跑去報告阿輝伯，為馬英九重吹「新台灣人」號角以吸引本土票源。連阿輝伯都心不甘情不願被拉出來背書，其要騙取台灣本土票用心之深，可想而知。為此，他們要「尊李貶扁」。

在馬英九主導下，國民黨修改黨章，取掉「統一」加上「以台灣為主」，發表扭曲台灣歷史修正主義的「原鄉精神」，宣稱2008年國民黨也要推動「重返UN及加入其他國際組織」公投，並採務實、彈性的名稱策略，「不管是以台灣或ROC名義申請，只要有助於加入UN都不設限」。在在顯示，馬蕭配為了選勝似乎在修正他們的統派路線。

對此意態修正，有評論說，馬蕭在玩馬奇維利

(Machiarellian)權力遊戲，為了贏得大位，祖宗八代都可以不顧，大一統的意態當然更可以棄之如敝屣。另一說法是，他們根本在騙台灣人，今天為了選票滿口「台灣為主」，明天騙到票選後，馬上就會回去「一中」的懷抱，推動他們「終極統一」的議程。

以他們過去信誓旦旦的「經濟一中」、「政治一中」的言行驗證，要他們改頭換面，棄統擁獨，比登天還難，他們中的統毒太深，說要改就改，談何容易？

民主政治地看，我倒願意善意看待，希望他們真的了解台灣人要主權獨立的民主心意，他們真的吃台灣米長大，台灣良心還在。

我更希望他們也了解，不僅民主台灣的政治前途不在專制中國，其經濟前途也絕對不在國家資本主義的霸權中國。

老蕭和我是嘉義中學同屆同學，他在國民黨當「是」的人一輩子，我也搞台灣民主運動40年。我看台灣選民生態還看得很清楚，台灣人看起來憨憨的，但走入投票所，常一點也不呆，不含糊，投票投得很精準。我要誠懇勸告老同學，馬蕭配要用假本土、假台灣、真賣台來騙選票、騙大位，最好甭想。

(2007.07.06)

# 和解共生要能感動人民

　　2008年1月12日立委選舉國民黨大勝，民進黨大敗，大家很洩氣，認爲回到以前國民黨一黨專政時代。台灣民主前途不看好，兩個月後的322總統選舉也還沒選就似乎勝負已定，馬蕭必勝，長昌必敗，不必選了。

　　現實主義地看，此說有道理。但是，一樣現實主義地冷眼凝視台灣民主大業，事情哪有那麼簡單？一句老話：民心似水，可以載舟，也可以覆舟，還是民主的眞知灼見。大勝的國民黨和大敗的民進黨都不要忘記，誰忘了人民誰必敗，不信，我們等著瞧？

　　我先舉個澳洲的例子。2004年以前，差不多有半個世紀，不管是左的、親勞工的勞工黨還是右的、親資方的自由黨執政，都沒有在參院取得多數席位。因此，兩黨都不能太過意識型態推動其左的社會主義或右的資本主義政策，必須小心翼翼，走中間路線，維持一定的經濟發展和社會公平正義。

　　勞工黨1983年取得政權後，經過兩位總理(Bob Hawke和Paul Keating)，雖表現亮麗，但1996年經濟衰退，被何華德(John Howard)領導的自由黨打敗下台。何華德很幸運，遇上中國經濟起飛，大量購買澳洲生產原料和能源，澳洲經濟

水漲船高，高速成長。在經濟一片看好的政治生態環境下，何華德如魚得水，1998、2001年選舉都輕易過關，並得小黨支助在參院通過一些向資本主義傾斜的法案。

2004年大選，何華德更是聲望如日中天，半個世紀來第一次大敗勞工黨，甚至取得歷史性的參院多數席次。

他因而大力推動對勞工不利的勞工法，強渡關山，制訂(Work Choices)新法，取消勞工福利保障條例。為此他還得意洋洋，認為是他30多年來政治生涯中最重要的成就，必留名青史。

何華德權力驕傲(雖沒腐敗)，忽視公平和正義，把澳洲社會帶向M型的方向發展，當然引起人民強力反彈。還有，他權力驕傲，認為非我不可而食言，不在2005-06年間他聲望最高時見好就收，如所下諾言，把權力交給副手(Peter Costello)，優雅下台。

他認為2007年經濟一片繁榮，在「是經濟，傻瓜！」的迷戀下，定能再贏大選，攀登政治高峰，成為澳洲歷史偉大的政治家。他就是忘了「民心似水，可以載舟，也可以覆舟」。結果，2004他是壓倒性大勝，僅僅3年後，2007竟壓倒性大敗，不僅讓自由黨兵敗如山，痛失政權，連他自己都失去緊緊掌握了33年的國會席次，真是輸得脫褲，要「哭著回去看媽媽」。

在台灣的民主立國、主權建國上，我是理想主義者，不過，作為政治學者，我看政治看盡人事滄桑，看得透澈，非常現實主義，分析政治事物一定冷靜、實在，因為

民主政治很現實，選民也大多很實在。

台灣人民眼睛雪亮，會看到國民黨一黨獨大控制4分之3國會席次，絕非台灣民主之福。總統由民進黨的謝長廷出任，可以多少制衡國民黨國會絕對多數的權力暴力、權力腐敗。

但是，謝長廷和民進黨也要誠實面對現實，即使長昌總統選勝，也不能像阿扁一樣硬拗8年，就是不面對國會朝小野大的現實，不根據台灣「改壞」的法國兩首長制的憲政原則，釋出組閣權，硬讓台灣國政空轉、空耗8年。

謝長廷釋出組閣權，讓馬英九(或王金平)組閣，主掌內政和經濟，總統謝長廷則擁有國防、外交、中國政策大權，共商國是、共赴國難，同為台灣的政治安定、經濟發展、社會和協努力打拼。

至於國會、行政、選舉等憲政改造、制度改革議程，目前還是理想主義，雖要鍥而不捨地追求，但無法一蹴而幾，要有耐心，一步一腳印地向前推進，一點一滴地解決問題。

謝長廷不要拖泥帶水，不要再想「CEO」之類的權勢作法，徒勞無功，要大刀闊斧，劍及履及，盡快宣布此重大政策決定。呼籲台灣人民，不能讓國民黨整碗捧去，要把選票投給長昌。如長昌贏，他一定走為國為民的中間民主大道。

如是，才是在台灣民主政治困局中，民主穩步前進唯

一可行的中道路線，會感動台灣人民，獲得「民心載舟」
的神靈效應。

(2008.01.22)

# 平心靜氣看總統大選

　　台灣2008年的322總統大選和平落幕，經過自由、公平(有人不同意)民主程序，頭家(人民)投票選出台灣的新總統。執政的民進黨大敗，在野的國民黨大贏，台灣民主政治第2次政黨輪替，民主深化鞏固。根據哈佛大學杭廷頓(Samuel Huntington)教授的論述，台灣成為成熟的民主國度，可喜可賀。

　　民進黨的謝長廷大敗，國民黨的馬英九大勝。當然，4百多萬人憂，7百多萬人喜，這很正常。不管支持哪位候選人，我們都要慶幸台灣民主政治運作成功，人民說話了，我們就要聽、要從，要祝福馬英九當選，並支持他肩負未來4年當總統、為台灣打拼的憲政重責大任。

　　不過，我們，尤其是我這個為台灣主權獨立奮鬥、反對專制中國統一民主台灣一輩子的「永遠在野黨」，當然很鬱卒，但難過也只能一天，一定要緊緊盯住馬英九的一言一行。

　　要他守言。首先要他實踐競選時許下的國家認同諾言：他愛台灣，一定不會出賣台灣，一定維護台灣自由民主、國家主權尊嚴，任內不與中國談統一，不讓中國勞工、農產品來台，中國不撤飛彈、不接受「一中各表」的

「各表」，他就不與北京政權接觸談判和平條約，等等都是大是大非有關國家命運的問題。他如守諾言，我們一致支持。他如違背諾言出賣台灣，那我們不僅要大聲反對，還要走上街頭，甚至流血抗拒他的賣台行徑。

至於他的競選政策，尤其是有關民生的經濟政策，如633(經濟年成長6%，失業率和通貨膨脹3%以下)，12重大建設、3通、開放中國旅客、資金和人民幣來台，甚至承認中國學歷、讓中資購買台灣房地產等高風險的政策，我們雖有疑慮、反對之處，但也應承認他有一定的「人民授權」(people's mandate)，讓他有一定發揮空間，推動政策。如能發展經濟，我們應樂觀其成。如失敗，4年後台灣人自有公斷。

如果他要小眼睛、小鼻子，意態做事，把民主紀念館改回去中正紀念館，台灣郵政改回去中華郵政，再開放兩蔣陵寢讓民眾去膜拜，那就由他吧！一樣4年後台灣人民會看到，會算帳。正如日夜輪迴，台灣民主政治一定會再政黨輪替，下次台灣黨執政時，會再推動正名運動，把它們再改回來，再叫台灣。

322總統大選，民進黨大敗，國民黨大勝，政治、經濟、社會原因當然一籮筐。不過，歸根結柢，主要勝敗原因還是相當明確，國內外學者專家看法相當一致，簡單歸納如下：

首要因素絕對是經濟，美國前總統柯林頓的名言：「是經濟，笨蛋！」用在這次台灣選舉，再恰當不過。

　　台灣經濟是否如泛藍政客、媒體、學者描繪的那麼不堪，「民不聊生」，並不重要，重要的是台灣經濟8年在民進黨主政下，是面臨很多困難，發展並不如2000年前國民黨執政時繁榮亮麗。

　　2008年的經濟現實是，過去8年台灣經濟成長(GDP)平均每年約只4％、而之前國民黨統治的20年間台灣的經濟成長每年約8％。還有，因為產業大肆西進，台灣經濟被淘空，成M型發展，貧富差距增大，窮人與失業率增多。近年受國際經濟大環境的影響，通貨膨脹嚴重，人民生活痛苦指數大增。

　　更嚴重的是，泛藍政客、媒體長期鋪天蓋地唱衰台灣經濟，還有朝小野大泛藍控制國會，杯葛執政黨的民生經濟政策，讓阿扁政府動彈不得。尤其是統派媒體的長期不停報憂不報喜，還抹黑，影響民心士氣無遠弗屆。

　　經濟之後，因為8年朝小野大、泛藍的逢扁必反、焦土抗爭的權力鬥爭，從死不認輸的連戰開始街頭抗議，無理取鬧的國會大肆杯葛，到烽火連天的紅軍作亂，把台灣搞得天翻地覆，沒有一天安寧的日子好過。人民實在受夠了。他們可沒耐心、細心分辨誰是誰非，只知道阿扁執政，民進黨要概括承擔負責。8年之亂，讓人難受，人民要安定生活，把民進黨政府換掉，名正言順，理直氣壯。

　　還有，阿扁執政8年清廉度受質疑，扁家有問題，民進黨官員貪瀆事件更是此起彼伏。加上泛藍媒體的大肆渲染，惡意抹黑，施明德的紅軍作亂，阿扁政權一片黑的印

象深入民心。泛綠的辯護，說國民黨以前執政時更黑、更爛，雖比黑比爛有理，但台灣人聽不進去，甚至聽得很煩、很厭。

最後，10年來，泛藍政客、學者與媒體視馬英九為救星，大肆形象塑造(image-making)，不僅把他成功塑造成清新迷人的政治明星，也把他造成藍營願景所繫、眾望所歸的魅力領袖。尤其在女性心目中，他成為她們瘋狂崇拜的偶像，粉絲一大堆。

至於馬英九的數百億競選經費，比謝長廷的數億要大數10倍，那絕對是大人、其實是巨人打小孩子的不公平的選戰。以西方民主國家的經驗來論，馬必勝、謝必敗，沒開戰就勝負已定。台灣民間的說法是，「選舉沒師傅，有錢就有」。

結果，民進黨要打的國家認同、主權獨立對「一中」統一之戰，根本打不起來。從1月選立委到3月選總統，國家認同與統獨之爭變成「非議題」(non-issue)。這是台灣的悲情，但更是台灣政治的殘酷現實。

當然，輸就是輸，說再多理由也沒用。如今，大敗的民進黨沒有時間自感鬱卒、自嘆悲情。它要活，就要東山再起。它要再起，要走的路很艱難但很清楚，1.是大肆自我改革，2.是大力監督馬家政權。

民主政治勝不為王敗不為寇，政黨輪替是常態。322國民黨大勝，除非4年內執政一塌糊塗，4年後馬要連任，雖非必然但應不難。不過，台灣政治錯綜複雜，千變萬

化，8年國民黨要不弊端百出，很難，8年後民進黨，除非不反省、不改革，要不東山再起、再度執政，也難。

當然，民主政治沒有天上掉下來的禮物。民進黨4年、8年後要再執政，非要深刻反省、檢討、改革不可。這條再起之路絕對崎嶇難走，但又非走不可。民進黨如果不覺悟、不反省、不改革，台灣一定會有別的反對黨出現，取而代之。

這是民主發展的必然道理。民進黨要改革，問題一大堆，但基本主軸卻也很簡單明瞭。

首先，台灣本土意識、國家認同、主權獨立的基本理念、奮鬥決心，不僅不能變弱，更要堅持發揚光大。

當年反專制、反腐敗、反國民黨的黨外運動的基本精神和價值要找回來。清廉是民主不可或缺的生存養分，為民服務是民主的根本價值和目的。民進黨執政8年就忘了它們，令人扼腕。它要再取得民心、重新執政，非從此基本民主價值的重建出發不可。

民進黨雖是群眾運動起家的半革命政黨，但執政後變得非常菁英主義，遠離群眾，尤其是草根的庶民大眾。它在基層的耕耘，遠不如國民黨。阿扁把台灣帶入M型社會，劫貧濟富，令人失望。民進黨未來不找回群眾、深耕基層，和台灣人民博感情，8年後要再執政，很難。

我指責過，阿扁騎馬打天下，竟也騎馬治天下。民進黨沒有經濟、政治管理人才，是它8年執政失敗的原因之一。這個嚴重缺憾不在未來4年、8年中改進，再執政還是

會一樣一塌糊塗。

同理，民進黨的願景、政策論述人才也遠遠不及國民黨。打起理念之戰，人家國民黨無理說成有理，而民進黨有理也說成無理。有台灣意識、科技知識、文化素質的年輕人很多，民進黨要招兵買馬，培養這方面的人才，準備世代交替。

至於黨機器的改造，如黨主席及公職候選人的推舉制度的改進、派系鬥爭的化解、資源的分配等等，都屬技術層次的問題，萬變不離其宗，回歸民主政治原理原則，用民主制度解決，就行。台灣政治人治主義太重，解決之道還是回歸法治與制度主義，別無他法。

有人建議尋找台灣的歐巴馬，此議不可行。美國、甚至世界，只有一個歐巴馬。這種曠世奇才，可遇不可求。

到頭來，未來4年或8年，民進黨的最重要任務，就是扮演好「忠誠反對黨」(loyal opposition)，有效、有力監督、制衡國民黨政權。絕對不能讓馬英九出賣台灣，並不讓國民黨權力腐敗。如果馬英九推動他的「一中」統一議程，民進黨要堅決反對到底。

還有在馬英九推動「一中市場」的政策上，如3通、中國遊客到台灣、中資投資台灣企業及購買台灣房地產等，民進黨當然要步步爲營，監督到家，需要反對的就反對，需要抗爭的就要抗爭，並訴之於民，用人民的力量抗拒馬英九的盲目傾中路線。

只要民進黨徹底改革，力爭上游，扮演好忠誠的反對

黨，東山再起、重新執政之日，一定可以期待，台灣一定
會有更好的明天。

(2008.04.06)

# 第三勢力的台灣夢

2008年12月，阿輝伯和施明德有場「非常」會面。這場私人聚會暌違了15年，李親自到訪施的汐止家中。統派媒體訪問施明德，文情並茂報導：施喚李「總統」，李叫施「主席」，李喝威士忌，施則回敬了紅酒，兩位「多情」的政治先覺，談當年的驕傲、現在的痛苦，還有未來的徬徨。阿輝伯談興很濃，甚至一連7小時都沒上廁所。

兩位台灣民主前輩，本有蠻深的不滿心結，如今見面一笑泯恩仇，個人心情感動外，關心台灣國政困頓衰敗、前途艱辛黯淡。還想振聾發聵、振臂一呼，帶領台灣走出埃及、進入迦納，應還是他們心繫所在。阿輝伯主張召開國是會議，施明德說要「呼喚人民力量的崛起」，建立「21世紀台灣夢」。

施明德說「這不是建立第三勢力」，但很多人解釋他們是要在國民黨及民進黨之外成立第三勢力。甚至有人說，老人家對台聯已不存希望，要另立權勢組合。此說有待證實。

其實，多年來對民進黨失望的綠營人士，如張燦鍙、彭百顯，一直在推動第三勢力，並曾嘗試說服阿輝伯出面領導。2008年總統大選，民進黨大敗，國民黨大勝。之

後，因對民進黨的失望、更對阿扁的不滿，組織第三勢力之聲更大。

政治學者和我看法一樣，認爲民主政治就是政黨選舉政治。目前台灣政治生態、政治文化仍有濃厚傳統庶民文化(subject culture)，有轉型期人民渴望魅力(charismatic)領袖的文化基因。台灣政治制度又非內閣制，國會選舉是單一選區制，都對兩黨制有利，對多黨制、第三勢力不利。

2008年後，綠營的台聯明顯式微，藍營的親民黨、新黨被國民黨收編，其他小黨更是無聲無息。因此，現實主義地看，雖然朝很大野很小，台灣民主政黨政治仍只有國民黨和民進黨兩黨在爭天下。

問題不僅如此，對台灣，因其嚴重國家認同分裂危機，統獨意態主導藍綠政黨政治，還有專制中國虎視眈眈，大一統的民族沙文主義，非統一台灣不可。台灣藍綠之間的矛盾，因而不是老毛的「人民與人民之間」、而是「敵我之間」的矛盾。

也即台灣仍是非正常國家，因此，其政黨政治也非我們了解的英美諸國正常的民主政黨政治。

2008年馬英九上台後，國民黨向專制中國傾斜、主張「一中」，中國統一的國家認同立場明確。馬英九的國民黨完全否定李登輝的「台灣化」，已是名副其實的「中國統一黨」。稱其爲「中國黨」、「統一黨」或「統派」，完全正確。

反看綠營，民進黨及台聯的獨立主張，一樣立場明

確。稱呼他們爲「台灣獨立黨」、「台灣黨」、「台獨黨」、「獨派」，一樣名符其實、名正言順。

詭異的是：台灣人雖多數主張台灣主權獨立(應7成以上)，少數主張與中國統一(少於3成)，綠大藍小，但台灣政黨政治明顯藍盛綠衰，統派的國民黨完全控制立法、行政、司法大權，一黨獨大，已到危害台灣民主的危險地步。主張台灣獨立的多數台灣人卻似乎仍視若無睹、麻木不仁，令人錯愕、不解。

爲何如此，理由當然一籮筐。國民黨擁有龐大資源，組織綿密控制台灣政經公民社會，統派媒體勢力強大，主導台灣民意市場，都是主因。但2000、2004年阿扁兩次執政無能，無法團結綠營勢力，成功製造綠色多數聯盟，更絕對是藍盛綠衰的「始作俑者」。

阿扁下台後即因涉嫌貪污被起訴，讓民進黨民意支持度跌落谷底。阿扁的問題有兩個層次：1. 是他的涉嫌貪污案，備受嚴厲批判，2. 是他的綠色獨派立場、政策、功績，仍頗被肯定，受很多台灣人的稱讚。阿扁仍有很多南台灣人的支持，也是台灣民主政治現實。

他的涉嫌貪污案，已進入司法程序，我堅持無罪推定、司法獨立、公正原則，不應評論。但台灣不正常的政治生態、統獨意態的撕裂作祟，國民黨一黨專政、視阿扁爲仇寇，令人還是有「法院是國民黨開的」、司法不公、政治迫害的疑慮。

我唯一可談的看法是，不管阿扁有或無貪污，李登

輝、連戰、宋楚瑜、馬英九、王金平等過去可以大拿(陳由豪、王永慶、張榮發、王玉雲、徐旭東、辜振甫和辜濂松等人的)政治獻金。他們收得更多(比阿扁多)，並收為己用、匯出國外，都沒關係，不會涉嫌貪污。

扁嫂卻不能，因為政治時代、形勢丕變，阿扁不僅沒有他們國民黨長期專政的權力優勢，還權勢地位一落千丈，並已被未審先判有罪，視為過街老鼠，人人可打。

只要一位辜家人(既使是通緝犯)作證說給扁嫂的不是政治獻金，而是有「對價關係」的「佣金」，扁嫂的政治獻金就變成貪污的賄款，阿扁必被判有罪、入獄，無從逃避。

國務機要費面臨同樣問題，馬英九特別費亂用、亂報，無罪，並不等同阿扁國務機要費亂用、亂報，也無罪。何況權勢政治地位不同，政治與司法審判界線混淆不清，法官自由心證空間又很大，同是歷史共業，就可能有南轅北轍的不同判決。

這是阿扁肩負的歷史共業，身為台灣人的原罪，爭取台灣主權獨立，非背不可的十字架。是故，他如有貪污，罪有應得，如沒有，恐也難逃劫數。

我的論述重點不在此「個人」操守、貪瀆與否的法律、也不在民進黨與阿扁的道德切割問題，而在台灣的民主政黨政治及台灣國家命運的大是大非國政問題。我認為，阿扁已退黨，不是民進黨黨員，在政黨政治上，兩者已劃清界線，不再關連。民進黨不需要再背「阿扁貪污」的黑鍋。

　　問題是，阿扁曾是「台灣之子」，對過去的台灣獨立運動貢獻很大，應受肯定。何況，他仍受很多台灣人的認同，對推動台灣獨立建國還有強大爆發力，不容忽視。他又有此強烈使命感，不會善罷甘休。

　　還有，如在司法不公、政治迫害下被判有罪入獄，可能造成的「背台灣人十字架」的殉道光圈，更可能光芒四射，將是推動台灣獨立建國的巨大動力。對馬英九的國民黨也一定芒刺在背，成為強大的潛在威脅。

　　更深層地看，我的憂慮還有：阿輝伯、施明德兩大獨派大老(有人認為施已變色，是紅不是綠)，因個人恩怨反扁，反民進黨，要組織第三勢力，而落入統派不僅打扁、還趁勢打綠的陽謀陷阱，要把民進黨打得不得翻身，國民黨好繼續一黨獨大，統治台灣，走馬英九「終極統一」道路。

　　很多獨派人士，如林濁水、司馬文武等，也不停批判阿扁，用心雖良苦，但一樣落入國民黨打扁等於打民進黨的陽謀陷阱。他們似乎忘了阿扁僅是「人民之間的矛盾」，要「聯中反台」消滅台灣國的國民黨才是「敵我矛盾」。他們要罵阿扁，一次就夠了(李筱峰罵扁一次就被罵得臭頭)，何必與國民黨、統派媒體配合，歹戲拖棚，不停罵下去。

　　不管你喜不喜歡，民進黨就是今日台灣民主政黨政治兩黨制的主角之一。台灣派的各路人馬，不團結起來和大權在握的統派的國民黨拼命戰鬥，還在自我分裂，內鬥，台灣國能有希望？當然沒有。

　　要團結，現實主義地看，非團結在民進黨之下不可。我是台聯、不是民進黨黨員，認爲，台聯應與民進黨合併，要搞第三勢力的台灣派也應進入民進黨，在黨內打拼，形成有實力、有作爲的反對黨，反對、打倒國民黨，才是有大是大非的台灣黨應有的作爲。

　　在民主政黨政治的範疇內，蔡英文帶領民進黨走中間路線是對的，1年來她走得不錯，應予肯定，大力支持。金恆煒、曹長青等獨派評論家，罵小英不夠獨、不夠綠，雖言之有理，但應以支持民進黨的茁壯，團結台灣派，打倒馬英九和國民黨，才對，而不是鼓吹虛無飄渺的第三勢力。

　　其實，阿輝伯和施明德要另起爐灶，創建第三勢力，心有餘也力不足。這只是施明德永遠在作、卻永遠作不成的台灣夢。

(2009.01.10)

# 民主倒退、專制復辟

　　2008年底，哈佛大學政治學教授杭廷頓(Samuel Huntington)去世，引起很多懷思、評論，大多對他評價很高。尤其是他1990年代初的兩大巨作，《文明衝突》(Clash of Civilizations)和《第三波民主化》(Third Wave Democratization)，被認為經得起歷史考驗，必成經典。

　　2009年，國際政治局勢正朝西方(基督教)與(阿拉伯)回教文明衝突的方向逼進，越來越像杭廷頓的文明衝突。在此文明衝突中，如杭廷頓所預言，中國儒教文明與回教文明連接之勢也已浮現。我與杭廷頓不同的看法是：我較強調，文明之間，還有自由民主與專制獨裁(另一種文明)的價值與制度衝突。

　　因為2008年爆發的金融危機，世界經濟陷入大蕭條，杭廷頓的第三波民主化也突然險象環生，節節敗退。

　　杭廷頓的第三波民主化始於1973年。之前，曾有兩次民主倒退，第1次在1930年代世界經濟大蕭條、納粹主義崛起的黑暗時代；第2次則是蘇聯共產主義興起波及世界各地的1960年代。兩者都有經濟衰退與專制復辟的陰影，並互為因果。

　　2009新年啟始，關心民主政治、尤其是亞洲民主發展

的人，發覺很多學界論文、媒體評論充滿第三波民主化終
止、民主倒退、專制復辟的論述。在亞洲，更有經濟衰
退、民主倒退、亞洲價值重現、「中國模式」成形、向中
國傾斜等事實與理論邏輯混淆不清、甚至黑白不分的怪論
異說。

很多人點出，泰國近年的兩次政變推翻民選政府，引
起民主政治動盪不安，南韓和菲律賓民選政府無能，政局
困頓，社會不安，經濟不發展。他們也提到，馬來西亞伊
斯蘭基本教義派日益興起，新加坡李光耀父子的「軟」專
制不軟更硬，都在壓抑自由民主人權。

他們也終於放棄了對中國「經濟發展導致民主發展」
的自由主義看法、期待，認爲2008年北京奧運不僅沒有帶
來(中國答應)的人權改善、民主發展，反而讓中國共產黨的
專制政治，隨其經濟高度發展及國際政治權勢的延伸，更
合理、鞏固化。

專制政治與經濟高度發展同步存在、互爲因果的「亞
洲價值」論，曾在1980-90年代盛行一時，當時是根據日
本、台灣、南韓、新加坡等國的發展經驗演繹出來的，有
一定發展學的道理，也有其辯證學的歪理，我一向持質疑
態度。

1997年亞洲經濟風暴後，「亞洲價值」論逐漸式微。
如今又借(中國)屍還魂，令人有不知今夕是何夕的感慨。

當然亞洲政治菁英，如要再舉「亞洲價值」，藉機運
作，以中國經濟高度發展爲模式，搞民主倒退、專制復

辟,不僅根本借錯屍、還錯魂,更一定一錯再錯,玩火自焚。

大家似乎都在急病亂抓藥,想學專制中國,都沒有看清楚、想明白,中國20多年來的經濟高速發展,是建築在資本主義市場經濟的有效運作,以及美國、歐洲等發展國家的龐大市場的無限商機之上,與其一黨專制的政治制度效率,實在沒有太多因果關係。

印度與中國,1為民主,1為專制,同時興起成為經濟大國,證明它們的經濟發展與「亞洲價值」關係不大,與全球自由市場關係更大。何況還有追在中、印之後的巴西、南非、印尼、南韓等民主國家。

其實,在這次世界經濟風暴中,中國的經濟衰退比很多其他國家還要更厲害。根據世界經濟組織的評估,中國GDP從2007年的15%高成長率,一落千丈,掉落到2008年的8%以下,2009年可能再減。在剛剛經濟起飛的中國,這種「自由墮落」(free fall),非常嚴重。如是衰弱經濟體制,百病叢生,有何「亞洲價值」之模仿價值可言?當然沒有。

此「亞洲價值」重現江湖、亞洲民主倒退的論述,所舉的諸多案例,被著墨最多的,並不是泰國、馬來西亞、新加坡或中國,而是民主化應已有所鞏固的民主台灣。對2300萬台灣人民來講,真是情何以堪。

不少學者、評論家,都大幅度引用台灣總統馬英九恩師、前哈佛大學、現紐約大學法學教授孔傑榮(Jerome Cohen)

最近發表的言論，來支持他們亞洲第3波民主化倒退、「亞洲價值」專制復辟的論述。孔傑榮苦口婆心指出：台灣司法不公、政治干預司法，馬政府處理前總統陳水扁涉嫌貪瀆案缺乏程序正義，明顯違背民主基本原則，危害台灣難得的成功的民主化，讓台灣的民主倒退、國民黨專制復辟。

　　與孔傑榮持同樣看法的學者專家很多，大家都憂心重重，認爲馬英九的台灣正在向專制中國靠攏，不僅經濟還政治靠攏。馬英九還心懷「終極統一」，要與專制中國統一，此心態也已引發很多曾經稱讚台灣成功民主化的歐美人士的疑慮。

　　長期觀察馬英九政治生涯的台灣人，對此看法當然不陌生。馬長期崇拜新加坡的李光耀、要以他爲師的表情、心態，多年來表露無遺。他崇儒拜孔的中國專制主義心意、作爲，一樣從來沒有隱藏過。

　　2008年馬英九選總統，不僅表明他對李光耀的崇拜，也毫不掩飾地表達他對中共領袖胡錦濤的敬佩。胡錦濤多年來也在學李光耀，希望把中國帶到像新加坡一樣的「和諧社會」境界。李、胡、馬都以孔夫子的儒教文明爲其執政的意識型態(是否是儒教「眞信徒」true believers，有待歷史驗證)，以建構「和諧社會」爲名，維持他們的柔、硬性專制主義爲實的獨裁政權。

　　李光耀的一黨專政控制新加坡50多年，不僅立法行政大權一把抓，法院更是他們李家開的。利用司法，李光耀

一個一個剷除反對黨和反對人士，把他們搞得家破人亡，黨也亡。也利用司法，壓制國內外媒體，任何批評李家的話都被法院判毀謗重罪，不入獄、也罰鉅款，一個也逃不掉。其實，他一手控制新加坡媒體，造成一個沒有反對聲音的一言堂社會。

胡錦濤比李光耀更兇、更狠，他的中國是鐵一樣硬的專制國度。馬英九要比美李、胡兩位難兄難弟，也要把台灣帶入類似他們的「和諧社會」。目前看來，他學得蠻勤快、蠻像樣的，有樣學樣，已造成台灣民主倒退、專制復辟。但學歸學，學得成不成？會不會畫虎不成反類犬？還有待觀察。

不過，馬英九的專制復辟主義，已引起很多台灣人及關心台灣自由民主的歐美人士的疑慮。

1990年代初，李光耀曾啓動儒教復興運動，並把被認爲是(溫和)保守主義的杭廷頓高薪邀請去新加坡開闢講座。杭廷頓也曾大力稱讚李光耀的廉能政府，並對「亞洲價值」有一定的正面評論。

1995年杭廷頓發表一篇論文，比較李光耀的新加坡和李登輝的台灣。他的結論卻是，兩李不同，李光耀的廉能政府，是人治，會隨李光耀之死入土爲安。李登輝的民主政治，是制度建構，阿輝伯去世後，台灣民主制度會永續經營下去。

杭廷頓的這段名言，我雖非常贊成，但是否一定成眞，一樣有待觀察。他說過，民主鞏固不易，會倒退。如

今，在馬英九的作弄下，一黨獨大的國民黨好像劍及履及，在走中國共產黨和新加坡人民行動黨一黨專政的獨裁道路。

我對馬英九有一定的疑慮，也曾大大低估他，但是，我還是認為，馬英九不是李光耀，更不是胡錦濤，差很大。國民黨也不是人民行動黨，更不是中國共產黨，一樣差很大。最重要的是台灣不是新加坡，更不是中國，台灣人不是新加坡人，更不是中國人。

我同意杭廷頓的制度主義看法，台灣民主文化雖還很幼稚、脆弱，但民主制度經過兩次政黨輪替的火煉，已有一定的初步鞏固。馬英九要把台灣民主倒退、復辟國民黨的一黨專制，有一定制度困難。

最重要的，2300萬擁有自由民主人權的台灣人肯嗎？一定不肯。讓馬英九如是胡作非為嗎？一定不讓。我死也不相信，台灣人會「呆胞」呆到任由馬英九欺騙、操弄，像牛一樣被帶去專制屠場任人宰割。

台灣人不會接收「亞洲價值」、新加坡模式，當然更不會接收中國的專制主義、獨裁統治。這台灣人用膝蓋想就應該想得到的道理。馬英九在搞柔性政變，專制復辟，能搞成？我對他有疑慮，但也看不起他，認為他沒有那個本事。花拳繡腿，慢跑秀腿可以，玩專制獨裁的血腥事業，他玩不起、玩不成。

不過，台灣人也不能掉以輕心，一定要寸土必爭，寸步不讓，和他死鬥到底，絕不允許他民主倒退、專制復

辟、出賣台灣、與專制中國統一，要盡快把他打倒、掃入台灣民主歷史的垃圾堆。

我認為，目前出現的「亞洲價值」專制復辟、民主倒退論，論述薄弱、證據不足。不僅台灣不適用，南韓、泰國、菲律賓、印尼都不適用。這些國家的人民，像台灣人一樣，已有強盛的人民力量(people power)，公民意識高漲，公民社會蓬勃發展，民主政治制度也算健全，能有效運作，不可能讓「亞洲價值」專制復辟、民主倒退輕易得逞。

新加坡李家父子去世後，李光耀的柔性專制必面臨人民力量的挑戰，能否維持，頗值懷疑。馬來西亞長期一黨專政的執政黨(UMNO)正面臨安華(Anwar Ibrahim)領導的民主反對黨的嚴厲挑戰，隨時可能政黨輪替，邁向制度民主的大道。

台灣的馬英九實在應該虛心傾聽他恩師的有心勸言，懸崖勒馬，不要好的(歐巴瑪)不學，學壞的(李光耀、胡錦濤)；應放棄專制中國夢，追求民主台灣夢。但是，老師的話，他會聽嗎？

(2009.02.03)

# 搞民主真窩囊

陳水扁下台，不僅阿扁官司纏身，狼狽不堪，被困黑牢。連一向被認為潔身自好的前國安會秘書長邱義仁，也被秘密外交金錢去向不明，而涉嫌貪瀆吃上官司。他灰心感嘆，搞了幾10年政治，落此下場，真夠窩囊。

我一生相信自由民主，教學民主發展、搞民主政治近50年，一路走來不變。從殷海光、雷震、彭明敏，到黃信介、康寧祥的黨外運動，再到1996、2000、2004年的總統選舉，最後到2008年的大選，由關心、鼓吹到參與，由寫文章、助選到參選，雖都是小角色，但也與有榮焉。並曾到處吹噓突破東方專制主義(Oriental despotism)的台灣民主化的豐功偉業，吹得得意洋洋。

但人事滄桑，歷史多變。2008年二次政黨輪替，馬英九上台，我雖失望，仍認為是民主好事。誰知1年不到，他就把台灣的國家主權、自由民主摧殘到面目全非，有國民黨一黨專政、甚至一人獨裁、中國專制政治復辟的傾向。令人看得怵目驚心，真讓曾為台灣民主化賣命打拼的台灣人情何以堪。

更令我這個搞了一輩子民主政治的老人，感覺真夠窩囊。

1950年代在台灣大學上殷海光的課，對自由民主思想有了啓蒙作用。讀雷震的《自由中國》，了解了民主政治的眞諦，開始嚮往民主，反對蔣介石的專制統治。當彭教授、謝聰敏和魏廷朝於1964年發表《台灣人民自救運動宣言》時，我才開始在美國唸研究所。在加州San Diego州立大學校園，深深受到《自救宣言》的震撼。之後，我一生尊敬彭教授，認爲他是台灣獨立建國之父。

1960年代後期，我在加州大學(Riverside)唸博士，因太太在南加大唸碩士，常和也在那裡唸博士的蔡同榮見面，也和張燦鍙、賴文雄等人相聚，談台灣問題，但沒有參加他們的台獨組織。那時候，我雖研究老毛的文化大革命，心裡相信的卻不是流血革命，而是民主改革。

1971年我離開美國來澳洲教書，雖教毛澤東思想和共產革命，但也教政治發展，推動民主政治。我不僅寫文章鼓吹民主，一寫40年，還支持黃信介、老康、傅正、張俊宏、許信良等人的黨外運動。那些年代替黨外人士公開競選、上台演說，是犯法、會被抓的。我替他們上台助選，雖心裡怕怕，但也心安理得。

1975年爆發《台灣政論》事件，我的文章《兩種心向》被認爲涉嫌煽動叛亂。我1976年元月返台，在機場被阻、原機遣返。之後，被列入黑名單3年。1978年返台，義無反顧，又一頭栽入黨外民主運動，縣市長、立委選舉，沒有一次缺席，沒替黨外候選人站台輔選。

老康和信介仙我長期支持外，1977年中壢事件後，我

在妹妹家見了許信良，和他深夜長談，之後一直支持他，直到2000年總統大選。1979年高雄事件我在台灣了解真相，與美麗島人士見面，被情治單位盯上。1980年的美麗島大審、228林義雄家慘案，都深深創傷了我們台灣人的心靈。

1983年邱義仁、吳乃仁等新潮流的年輕人發動批康運動，我挺身為老康辯護，和他們激辯。我當面罵邱義仁，「你在芝加哥大學唸政治學博士，你政治唸懂了嗎？」

同年老康選立委，本被看好卻高票落選。1986年老康東山再起選立委，我寫了《我與老康》。多年後，謝長廷都還笑說，《我與老康》讓老康高票當選，讓他高票落選。雖是笑話一則，卻也令我難忘。

1986年民進黨闖關成功，1987年蔣經國被迫解除戒嚴，我都在台灣親身經歷其中，雖不是主角，卻也在旁吶喊、支持。

1988年元月蔣經國去世，6月李登輝接見，我開始對阿輝伯另眼看待，看到了他的民主執著、日本武士精神。之後，1990年的野百合運動，我有去靜坐，並因老康和信介仙的關係，近身觀察了阿輝伯與學生的互動，非常民主精彩。

後來，老康提名，我有幸參加了1990年的國是會議，對許信良、吳豐山的表現，印象深刻。阿輝伯更高段，權勢運作，順水推舟，否決了馬英九、施啓揚等保守派的總統「委任直選」，而突擊推動公民直選，絕對是民主改革

制度運作的經典之作。

1990年阿輝伯逼李煥下台，我曾當面勸李煥要接受民主現實，不要做反對台灣人的事。1993年阿輝伯再有效運作民主政治，迫郝柏村下野。1996年總統大選，我大力支持彭教授，阿輝伯卻高票當選，並確定了他「台灣民主先生」的地位。

1988年阿輝伯意外上台後，一直對我很好，偶而接見我，會說有看我的文章，還說過「最近你常寫文章罵我，沒關係，你是頭家」的話。我有事請他幫忙，他也常慷慨答應。2002年我被邀請參加台聯，並被提名不分區立委，我要求名列最後，結果在黨主席黃主文之前名列最後第二，而光榮落選。後來也被推薦，並被阿扁任命為無給職國策顧問。1年後，呂秀蓮副總統推薦給我有給職國策顧問，阿扁同意，我婉拒，後來半開玩笑向阿扁說，「拿總統的錢，以後不能罵您。」

阿扁是我1980年後近30年來，看到的台灣民主選舉最有衝勁、最厲害的選將，一向勇猛前進，所向無敵。他對台灣民主化的貢獻，不管目前的司法審判結果如何，應已蓋棺論定，可以寫入台灣民主歷史。

1990年代，我曾替信介仙、陳永興、呂秀蓮等人助選，打過漂亮的選戰。

2000年總統大選，第一次政黨輪替，絕對是台灣民主化成功的歷史起點。2004年阿扁險勝，彰顯了台灣民主化鞏固的歷史意義。

阿扁8年，我沒當官(無給職國策顧問不算)，但常被請去代表台灣參加國際會議、甚至戰略對話。尤其常被彭教授(時任總統府首席資政)請去開國際研討會，還曾代替他演講。也以呂副總統的台灣心會理事長名義，與好友盧孝治帶台灣文化藝術團多次訪問美國和日本。全世界跑透透，抓住每個機會，不停解說、宣揚台灣成功建構的民主典範，並強調因爲民主台灣與專制中國的根本人道主義差異，反對統一，支持台灣獨立。

1960-70年代，我研究毛澤東思想和共產革命，博士論文寫老毛的10年文革，結果看到的是權力鬥爭、血腥屠殺、專制主義走火入魔的殘酷表現，眞是慘不忍睹。這也是我對烏托邦理想主義失望、對民主主義終極認同的開始。

1980年代，台灣的民主化風起雲湧，中國在鄧小平2次復出後的改革開放，也令人聞到了「北京之春」的民主氣息。我躬逢其盛，7、8年間多次去中國，在北京、人民、輔仁、杭州、武漢等大學、還有社科院等研究機構講學，講西方民主發展的理論、也講台灣民主發展的經驗，講得口沫橫飛，興高采烈。我在北大、人大的演講，來聽的學生上千人，我的感覺是他們都聽得滿入神的。

那段時間我交上的學者，有《河殤》的作者、蘇曉康、王魯湘、遠致明，及王軍濤、嚴家其、蘇紹智、包遵信、方勵之等，都是支持民主改革的菁英，我很欽佩。我曾出資幫包遵信辦刊物，邀請蘇紹智、方勵之來澳洲訪

問。方勵之在澳洲曾掀起很大風潮。

嚴家其是當年中國最年輕、最傑出的政治學者，時任社科院政治學所所長，與馬列毛研究所所長蘇紹智，同為趙紫陽政治改革的理論推手。嚴家其兩次請我去政治學所訪問，並做演講。我在香港《九十年代》發表的文章，因提到他說「人道主義高於馬克思主義」，害他被社科院領導叫去自我檢討、並寫報告。六四後他流亡法國和美國，我們曾愉快相見、相處一段時間，他才告訴我被思想清算的經過。

他們都是六四天安門的「幕後黑手」，大力支持民運學生。因為我和這些學生、學者的多年關係，有人說，北京當局也把我視為六四「幕後黑手」。如是，則真太抬舉我了。

六四後，鄧小平繼續改革開放，中國經濟快速發展。很多人期望，經濟改革開放會導致政治改革開放。

1997年香港回歸中國。鄧小平也答應「一國兩制」50年不變。

2008-09年天安門事件後20年，香港回歸12年，中國還在世人注目下舉辦了風光的北京奧運。中國更迅速經濟發展，國力大肆崛起，超過英、法、德、日諸國，成為挑戰美國的世界第二大強國。

但是，大家也拭目以待的中國自由民主化、人權改善，卻一點進步也沒有。根據權威的人權組織「自由之家」的2009年人權報告，中國一直都屬「不自由」的國

家。2007-08年，其不自由度有增無減，迫害人權更兇，壓抑言論自由更緊，專制統治更嚴。天安門民運人士呼喚的自由民主現代化，20年來看不到一點蹤跡。

更令人驚訝的是，香港連在英國殖民統治時代都享受的高度言論自由，都在12年內快要消失殆盡，2008年第一次由「自由」後退為「部分自由」的地區。鄧小平答應的「一國兩制」50年不變、民主改革議程，12年就跳票，跳得很難看。

環看全球，世界的自由民主版圖也明顯後退，2008年全世界195個國家和地區中，5分之1的自由度後退，幅度驚人。

1990年代初，杭廷頓及年輕學者福山(Francis Fukuyama)的大作，《第三波民主化》和《歷史終結論》(End of History)，轟動士林，成為政治發展學的經典之作。前者看好1989年東歐共產主義崩潰後世界各國民主化前呼後擁的蓬勃發展。後者歷史論定認為自由民主擊敗專制主義，終結了人類文明的歷史發展程序。

1990年代，我教民主政治發展，都以此兩大著作為理論主軸。2008年再看杭廷頓和福山，兩位當年的「先知先覺」卻歷史論斷太早。「自由之家」的報告指出，過去兩年，世界各國的自由度嚴重後退。中國、香港外，俄羅斯、巴基斯坦、肯亞、埃及、奈吉利亞、委內瑞亞、馬來西亞、緬甸等國(地區)都倒退。

2008年馬英九上台，台灣的自由民主就開始倒退，雖

沒像香港一樣由「自由」退到「部分自由」的嚴重程度，
但也在「自由」國家排名榜上降落10幾名，讓人很失望。
理由就是「近幾個月台灣的公民集會自由發生了一些令人
關切的情況」，台灣的言論自由受到政府干預，國民黨一
黨獨大執政排斥、壓抑異己，戕害台灣的民主發展。

　　無疑地，2009年情況更惡劣。在馬英九的操作下，台
灣的司法獨立、公正性更明顯下降。連馬英九的老師孔傑
榮，都在國際媒體發表論述，質疑馬英九統治下台灣的司
法公平、程序正義。他的看法受到很多國際媒體、學者的
認同。

　　還有，在公民的集會遊行權，不管在法律制訂或執行
上，也都明顯偏頗，有違法、違憲之處，也違背馬英九最
近簽署的UN《公民與政治權利人權公約》的規定。

　　最近，孔傑榮再發表鴻文，指出中國去年四川大地震
後迫害人權、司法公平、言論自由、政治異議份子的嚴重
情形沒變。

　　日前，反對天安門軍事鎮壓、被鄧小平「非法」解
職、關了16年、含冤死於2005年的前中共總書記趙紫陽，
生前寫的自傳《國家的囚犯》(*Prisoner of the State*)秘密流出，
出版，立即轟動，引起國際注目，也引起我的悲情回憶。
再次彰顯中國專制政治的根深蒂固，牢不可破，中國民主
化的黑暗前景。

　　我1995年寫的英文書《東方專制政治的民主化》
(*Democratizing Oriental Despotism*)，研究1919年的五四和1989年的

六四，我得到的結論是，70年中，中國的專制政治基本沒變，1919年北京學生要求民主與1989年北京學生要求民主的方式、內涵，一樣沒變，一樣空洞、虛弱。但1989年中共的一黨專制獨裁，卻比1919年之後軍閥割據、國共內戰期間的東方專制政治，更爲嚴厲。

2009年5月17日，台灣的泛綠陣營在台北和高雄舉行了80萬人的大遊行，台灣人「嗆馬保台」的吶喊響徹雲霄，馬英九聽到了嗎？我很懷疑。

有病在身的阿輝伯也忍不住說話了。他老人家517前夕發表談話，痛批：「馬政府過去一年來，對台灣未來發展的策略全盤錯誤，讓台灣失去方向，甚至事事以既定政策爲名，完全忽視台灣人民的聲音，讓台灣大開民主倒車，現又執意簽署ECFA，將爲台灣帶來不可逆轉的浩劫。」

2009年5月初，緬甸的軍事獨裁者，竟又以莫名其妙的理由起訴過去19年來被莫名其妙關了13年的民主鬥士、諾貝爾和平獎得主翁山蘇姬，擺明了就是還要繼續關她。引起歐美、東亞、東南亞各國一片譁然，譴責之聲此起彼伏。仰光的屠夫們聽到了嗎？

彭教授和阿輝伯外，翁山蘇姬和南非的曼德拉，是我最佩服的當代民主鬥士。

另一位我非常敬佩的人權戰士、詩人政治家、前捷克總統哈維爾(Vaclav Havel)，2005五月在國際媒體發表評論，批評剛選出的UN人權委員會，47個委員中竟有一大堆迫

害人權的專制國家，包括中國、俄羅斯、亞賽拜然、沙烏地阿拉伯、古巴等。如是荒謬的、反人權的人權委員會，如何維護UN的人權憲章和公約？當然不能。

同時，另一則不太被注意的消息也見報：王炳章的女兒探望父親遭中國海關拒絕入境。王炳章1979年就去加拿大進修，1982年得醫學博士，同時創辦海外第一本民運刊物《中國之春》，鼓吹中國的民主改革。我在《中國之春》寫過很多文章。1983年王炳章創建海外第一個民運組織「中國民主團結聯盟」。2002年6月，他在越南被中國安全人員綁架擄回中國，2003年被深圳法院判處無期徒刑。他的女兒要探望他，拿加拿大護照申請簽證獲准，卻被廣東海關拒絕入境。

我滿懷感傷，不禁要問：

阿扁沒被判刑就被關在土城看守所4個多月，會不會也長嘆，搞民主政治搞了一輩子，搞成這副德行，夠窩囊的吧？不知被關在中國黑牢的王炳章，也會不會同感，搞民主政治搞得一樣窩囊？

阿輝伯老謀深算，以日本武士精神搞台灣民主政治，也搞了20多年，本來頗有成就，還提出擲地有聲的「兩國論」。如今一夜醒來，發覺時光倒流，好像又回到蔣家父子獨裁的專制時代，老人家是不是也深感、深嘆窩囊？「民主先生」鬱不鬱卒？

翁山蘇姬1990年領導緬甸民主運動，打了一場漂亮的選舉聖戰，以80％的高票打敗專制的軍政權，卻因而被關

到現在，是不是也深感無奈、深嘆窩囊？

我也問自己，打拼民主打了半輩子，曾興高采烈，意氣風發，自我吹噓成就很大，台灣民主化成功，有我一分。如今眼睜睜看馬，1年就把台灣民主搞得分崩離析、面目全非、慘不忍睹，我能不也深感洩氣、深嘆窩囊？

我們是不是像邱義仁一樣，深感窩囊，不如歸去，走入田野種菜去吧？

是深有同感，但是，洩盡氣後冷靜思考，我們都知道，我們不能回家種菜。

因為我相信，渴望自由民主是基本人性光明的一面，但暴力專制的權勢引誘(季辛吉說的「春藥」)，也是人性黑暗的一面。自由民主不是天上掉下來的禮物，是要不斷爭取、戰鬥、呵護才可以得到、享受的人間珍品。

不僅在東方專制主義根深蒂固的中國，要不斷革命，不停發動五四、六四運動，連在民主化鞏固但脆弱的台灣，也要不停地發動黨外、美麗島、野百合、野草莓、517「嗆馬保台」的民主運動，決不准馬英九出賣台灣的自由民主，不許國民黨的專制復辟得逞，台灣的自由民主才有光明正大的長遠前途。

深感窩囊，下田種菜，是種不出民主願景的。

(2009.05.23)

　　*後記*：彭明敏教授在517後的「518人權不落日晚會」上演講時呼籲，馬政府對外出賣台灣，對內要恢復戒嚴體制，台灣人要站起來「團結反抗」，未來馬政府和國民黨會繼續破壞民主、自由和人權，繼續走親中賣台路線，「台灣人民還需要更激烈的方法與行動來對抗！」他強調，台灣人民要犧牲付出代價，以「非和平方法」展現決心，才能守護台灣！我完全同意彭教授的看法。

　　2012年總統大選後，小英該贏沒贏，馬英九該輸沒輸，我請彭教授吃飯，我們都深感「台灣民主搞成這副德行，真感窩囊」。

　　2012.07.19，最高法院特偵組發言人陳宏達說，前國安會議秘書長邱義仁等人被控詐領機密外交費案獲高等法院判決無罪，檢方收到判決書並經過討論後，決定不上訴。

　　邱義仁與前外交部次長高英茂被控利用執行機密外交「安亞專案」名義，詐領經費50萬美元，一審獲判無罪，高院6月20日仍維持無罪判決。

　　邱義仁當官清白，卻因此案被起訴而心灰意冷，南下屏東當農夫，並說出「窩囊」的話。

# 馬英九搞「帝制」？

　　1996年台灣第一次經過公開、公平的選舉公民直接投票選出總統，經過2000、2008年政黨輪替，台灣的民主化不僅成功推動，還被認為已初步鞏固，受世人稱讚，說是突破東方專制主義的政治奇蹟。

　　台灣的民主真的成功發展、鞏固了嗎？初看，有那麼個味道；細看則不堪一看，越看越漏洞百出，怎麼看都不像是合乎民主政治基本原則、成功穩固運作的民主政治制度。

　　君不見，從1949年戒嚴到今天，60多年來，台灣一直有制度內、制度外的改革、革命之爭。最近，這個議題又被關心台灣的人提出討論。因為馬英九上台後的台灣民主受到嚴重戕害，很多人認為台灣民主在倒退，甚至有「帝制」復辟之虞。因而有人認為應搞革命把它推翻。

　　我們40多年前在美國念研究所、專攻比較政治的學生，一開課就必須讀Max Weber、Joseph Schumpeter、Gabriel Almond、Sidney Verba、Lucian Pye、Samuel Huntington等教授的政治發展理論著作，數10本非讀不可的經典大作，又厚又重，讓人讀得頭昏腦脹。

　　什麼是民主政治？民主政治發展的意念、理論、實踐

課題，是人間千古苦惱事。從古希臘的城市公民民主、英國大憲章、法國大革命，到美國獨立革命的三權分立憲政體制，再到杭廷頓的「第三波民主化」，面向如千面人，千頭萬緒、錯綜複雜，討論、爭辯起來，大傷腦筋、大傷感情，吵個10天、20天都吵不完。

不過，以現代民主政治實踐驗證的結果來看，民主政治的基本原理並不太複雜。民主的基本假設是人有私心。政治是唯一權威性分配價值(authoritative allocation of values)的人間事，有權力分配與運用的基因。人有權力一定腐敗，Lord Acton(阿克頓)的名言，「權力必然腐敗，絕對權力必然絕對腐敗」，古今皆然。為避免權力腐敗，非有制衡機制不可。故有權力分立、制衡及公民主權運作的制度安排。

由傳統專制發展到現代民主，其實踐發展主軸蠻清楚，就是由人際關係為主的人治主義(如父權主義)發展到以法律規範、制度運行為主的法治與制度主義。也即，權力分配與運作不能因人設事、因人設制。

現實主義地來論，民主政治的基本原則離不開Schumpeter的制度主義，他叫做「民主方法」(democratic method)。我把它簡化說成，民主方法(政治)就是人民經過公平、公正競爭的制度安排，經過公民主權的運作，選擇國家政府的領導人。

當然這句話說來容易、做起來難，獨立變數，如言論自由、政黨制度、公民社會、利益團體等，很多。以此看

台灣，尤其是馬英九的台灣，成熟的民主更是越看越難達成。在他領導下，台灣民主不僅沒進步，還受傷害，往後倒退。

1990年國是會議，李登輝順勢操作(馬英九反對)，完成總統直選的民主憲政改革，建構民主政治制度，才有1996年總統大選、2000及2008年的政黨輪替。阿輝伯功德無量。

不過，在總統與行政院長雙首長的制度安排上，阿輝伯聽信國民黨的蛋頭學者，學法國學得頭殼壞去，推出不三不四「改良式」的雙首長。結果制度改壞，沒有改好，則是阿輝伯的一大敗筆。

陳水扁執政8年，朝小野大，民主憲政改革窒礙難行。阿扁與國民黨妥協制訂的公投法，是反民主的鳥籠公投法，根本無法有效民主運作，等同無法。

他推動立委選制改造，單一選區兩票制本來合乎民主原則，但急著通過而與國民黨妥協，立委減半沒有配套措施，在票票等值的基本民主原則上沒有堅持，結果嚴重扭曲，竟有選區數千票就可當選、又有選區數十萬票還不可當選的反民主現象，可謂荒誕無稽。

結果，2008年立委選舉，國民黨取得53％的選票，就贏得81(3/4)席次，民進黨獲得38％的選票，卻只贏得27(不到1/4)席次。國會完全失去權力制衡的制度機制，國民黨一黨獨霸，為所欲為，等同專制。

也才有馬英九一聲令下，立法院就開臨時會議強渡關

山通過有違憲之虞、違背基本民主原則的地制法。

簡單舉例年初發生的幾件政治事件，就可看清楚馬英九破壞台灣民主、讓台灣民主倒退嚕的嚴重情況：

在馬英九與金溥聰強勢運作下，為了怕縣市長(尤其台北縣)選舉失利，立法院於2010年1月18日的臨時會通過了國民黨版本的「地方制度法」修正案，違反他競選總統時提出的「3都15縣市」地制改革政見，搞出「5都」(直轄市)的急就章、亂七八糟。

2010年底縣市改制直轄市後，56名鄉鎮長，80%以上是國民黨及親國民黨的無黨派，都是國民黨的樁腳，將可轉任區長，任期4年。鄉鎮市代表轉任區諮詢委員，也任期4年，可領開會出席、車馬費。此舉因人設制，等同政策買票、綁樁，破壞公平競爭的民主制度。

高雄市長陳菊質疑這是保護少數特定人的特權，犧牲多數人的公平正義。她指出，高市的區長都是官派，不論是文官或機要任命，市長都有權力調整人事；新修訂的地制法卻保障部分現任鄉鎮市長可轉任區長，市長無權調整這些人的職務，「一市多制」，不像是法治國家應訂的法律。

陳菊等民進黨縣市長、立委批評該制違憲，表示將聲請釋憲。高成炎、許志雄等多位學者也認為有違憲之虞，不僅侵害地方自治團體的人事權，也違反比例原則、平等原則，支持聲請釋憲。

公投護台灣聯盟召集人蔡丁貴說，國民黨強硬通過的

地制法，根本是「帝制法」，嚴重破壞台灣憲政體制，也違反民主原理。連同其他本土社團，他們決定發動「反國民黨版地制法」公投。

2010年1月5日，監察院以6票對6票未能通過檢察總長陳聰明彈劾案，1月19日「再度」對他提出彈劾案，雖沒新事證，結果竟是以8比3的票數通過，同時將他移送公務人員懲戒委員會查處。

彈劾案通過後，陳聰明隨即遞出辭呈，馬英九馬上批准，也馬上掀起各界批判聲浪。

有人質疑，國民黨針對1月9日立委補選敗選所提檢討報告將陳聰明列爲敗選重要原因之一。檢討報告出爐後，監察院就通過彈劾，顯示馬英九的黑手已伸進監察院，明顯是政治干預，監察院變成政爭工具。

有人重提廢除監院之議，「廢掉監察院，不僅是長期以來民進黨及國內多數法政學者的主張，就連始終堅持五權分立的國民黨也曾有這樣的想法。究其原因，主要在於憲法、法律中對於監察院的職權功能、對彈劾的概念，規定不清楚，以至於監察院功能不彰，屢遭批評只拍蒼蠅、不打老虎，甚或成爲整肅異己、打擊政敵的工具。」

孫中山不懂民主的制度建構，才會搞出一部不倫不類的五權憲法。監察委員是中國帝制時代御史的複製品，在現代民主國度，其制度權責本應分屬立法及司法，沒有獨立存在必要。又因其傳統人治主義太濃，無法避免被政治操作，成爲政爭工具。

　　阿扁後期，因國民黨立委違憲杯葛，無法任命監委，監察院等同凍結。馬英九上台後任命的監委，一大片藍色，連變色的沈富雄都被立委否決。在拍馬屁大王(大聖人)的領導下，不僅不打老虎，還變成馬英九打綠的急先鋒。

　　2010年1月20日，台灣的NCC(國家通訊傳播委員會)決定走回頭路，解禁、允許黨政軍間接投資媒體事業。NCC決定修改衛廣法的「黨政軍退出媒體條款」，將現行黨政軍「完全不得投資」媒體規定，修正爲可「間接投資」10％。

　　媒體觀察基金會董事長管中祥表示，NCC自認開放比率不高，但已爲黨政軍打開控制媒體大門，即使是10％間接持股，黨政軍還是可透過轉投資、交叉持股影響媒體經營。

　　他質疑，聯電董監持股6％、台灣大哥大也是6％、中信金董監持股8.6％，永豐金董監事僅持有5.5％，我們可以說富邦蔡家沒有掌控台灣大哥大、辜家不能左右中信金決策嗎？NCC用持股10％起不了作用這種話來搪塞，顯然不了解市場眞正的生態。

　　他們當然了解。NCC曾是違憲的黑機構，現爲國民黨掌控，正爲國民黨伸手控制媒體鋪路，司馬昭之心路人皆知。

　　2010年1月21日，馬英九哈佛老師Jerome Cohen(孔傑榮)發表專論指出，中國政府對人權律師的持續打壓在中國已習以爲常。甚至主張政治改革的維權律師高智晟，在警方

拘押下「失蹤」的悲劇，也很少引起人們注意，高律師現在恐怕已遭遇不測。

他同時指控，去年在追訴前總統陳水扁貪污的案件中，陳水扁辯護律師的一些行爲引起了法務部的關注，法務部當時試圖追究陳水扁律師所謂違反律師倫理規範的責任，但最終「律師懲戒委員會」認定律師並未違反相關規定，因此，決議不付懲戒。現在，法務部想要藉由修法來懲罰「妨害司法」的行爲，法案一旦通過，勢必會限制辯護律師的活動。

其實，孔傑榮過去已多次發表鴻文，質疑馬政府在處理扁案中，有傷害司法獨立、程序正義之虞。也有數10位國際學者寫多封公開信，呼籲馬英九停止辦綠不辦藍、爛羈押、爛起訴的司法程序、以司法之名政治迫害異己的作爲。

2000年政黨輪替以前，大家都知道，台灣的法院是國民黨開的。阿扁8年執政雖令人有感覺到「司法獨立」了一點，但他一下台，馬上被抓，檢察官、法官辦扁案，令人感覺趕盡殺絕，台灣的法院又是國民黨開的了。

最嚴重的是，馬英九口口聲聲強調要遵守、維護的「ROC」憲政體制，蔣家時代被「戡亂時期臨時條款」的戒嚴體制取代，根本沒被遵守。阿輝伯和阿扁時代經過7次修憲，被修得支離破碎、不三不四，民主憲政的制度權威喪失殆盡。

馬英九堅持的「ROC」憲政體制，其領土包括中國大

陸及外蒙古，「不承認」PRC主權統治中國的現實，認定目前台海兩邊還在打中國的國共內戰，但又不再視中共政權爲「匪幫」、叛亂集團，還大肆向其傾斜，求和、求好，與其簽訂一大堆主權妥協的合作協定。

根據「ＲＯＣ」憲法及馬英九就任總統時奉行「ROC」憲法的宣誓，他「不否認」PRC治權統治中國，不再「反攻大陸、收復失土」，並與中共政權來往、簽訂協約，這算不算「通匪」、「通敵」、觸犯內亂外患罪？

我認爲是。不管是不是，馬英九堅持的「ROC」憲法在台灣爭議很大，嚴重缺乏民主憲政的合理、合法、可信、可行性，沒有民主政治權威運作的基礎(像美國憲法)，只會引起國家認同憲政危機、權力運作爭端、民主制度窒礙難行。

台灣民主先天不足，後天失調。馬英九又變本加厲讓台灣民主失血，不僅沒有制度建設，還硬拗、硬幹，從地制法的修訂、NCC黨政軍投資媒體的解禁、扁案的破壞司法公正、監察院的政治打壓異己，到憲政體制的嚴重缺失，都是在搞因人設事、因人設制、人治主義、損傷台灣民主的勾當。

說馬英九在搞「帝制」，也許太超過，其實他不是袁世凱，沒那能耐；但說他戕害台灣民主，讓台灣民主倒退嚕，卻絕不爲過。這樣反民主的總統，2012年再讓他騙票得逞當選連任，台灣的民主前途一定黑暗、無望。

(2010.03.29)

# 馬英九反民主

　　2010年馬英九在520就職兩週年記者會上，以「大步向前，開創黃金十年」為題，細數兩年來的施政成績，自詡有「沉默的魄力」，是打造黃金十年的最好時機。

　　他同時推出「六國論」：(1)創新強國：以創新提升台灣競爭力；(2)文化興國：以文化發揚台灣優勢；(3)環保救國：以綠能打造低碳家園；(4)憲政固國：以廉能強化政府治理；(5)福利安國：以福利建構社會安全網；(6)和平護國：以和平建立台海秩序。並釋出不會推動修憲的訊息。

　　馬英九強調，他的目標是爭取一段足夠的時間，足夠的歷史階段，讓同樣是「炎黃子孫」的兩岸人民，能夠在「中華民族」智慧的導引下，找出兩岸問題解決的方案。

　　他指出，他的兩岸關係一定會保證堅守台灣的尊嚴，ROC的主權，同時捍衛ROC的憲法。

　　蔡英文批他只選舉不治國。呂秀蓮說他「口號治國」。

　　民進黨立院黨團召開記者會，諷刺馬的六國論是「傾中賣國、去台弱國、污染毀國、喪權辱國、財團治國、統一亡國」！

　　有人指出，馬英九的六國論與胡錦濤的「胡六點」遙相呼應，就是在配合「一中」統一政策。 也有人指出馬英九的六國論與秦始皇的滅六國歷史含意不謀而合，意味中國吞滅台灣。

　　前行政院長游錫堃在微網誌噗浪上留言說，「馬英九『六國論』，有人如是說：『心在中國、籍在美國、謊言騙國、口號治國、喪權辱國、以區滅國。』」

　　其他網路是一片冷嘲熱諷的嗆聲，幽默、有趣。

　　大家把它當黑色笑話，嘲笑一番。很少人把這麼會說冷笑話的總統當選週年發言認真看待。其實，馬英九六國論彰顯的政治思想、心態，深沉、凝重。更因為他大權在握，一手主導政局，他的深層政治心理，絕不能忽視。

　　他的六國論隱藏的深層心態主軸有2：1是他根深蒂固的大中華(國)民族(種族)與文化主義；2是他深受中國專制文化(儒教文明)洗禮而揮之不去的反民主意識型態，他是一個反民主的政治人物。

　　所以，他緊緊抓住虛擬的「ROC」和那部已成歷史陳跡的「ROC」憲法不放。他要文化興國，儒教復辟，而不是民主建國，發揮台灣自由民主、人權治國的普世價值優勢。

　　對武力威脅台灣、共產黨專制統治的中國，馬英九要讓同樣是炎黃子孫的兩岸人民，能夠在「中華民族」智慧的導引下，找出兩岸問題解決的一個方案。他根本忽視台灣與中國之爭不是民族(種族)也不是文化之爭、而是自由民

主與專制獨裁政治制度之戰。

他在2008年大選時也曾一再強調台灣前途應由台灣人民決定。2年後不僅在重大國策的ECFA，連在攸關2300萬台灣人民身家性命、國家前途的問題上，都對自由民主人權一字不提，放棄得乾乾淨淨。

對已民主鞏固的台灣，這種時空、價值錯亂的總統當選週年發言，讓人聽起來真失望、氣結。

連《蘋果日報》(2010.05.22)都在《蘋論》中指出：

馬總統和他同質性很高的幕僚、閣員、顧問、朋友們其實都不是民主的「真信徒」。他們的言語、行為、反應及思考模式，其實毋寧說他們比較相信「開明專制」，一種蔣經國時代的台灣、新加坡和中國的政體。這說明了為什麼馬上任以來，民主不但沒有深化，反而淺化了。

馬個人崇尚儒家，所以，對民主的興趣不大。與其說他信仰民主，不如說他在忍耐民主、將就民主。

馬的年紀剛好遇上台灣的民主轉型期，許多大大小小的轉折都可以顯露出他「真正的顏色」。從那段歷史來看，馬反對民主改革的保守性格是非常清楚的。

國會全面改選的爭議激烈化的時刻，馬是反對的，他主張維持當時增補選立委和國代的政策，認為全面改選會造成動盪。蔣經國解除戒嚴的當時，馬不敢違逆蔣，沒有明確表示反對，但也沒有公開支持。後來開放報禁，馬不以為然，唯恐開放太快，輿論失控。總統直接民選的議題浮上檯面後，馬明白表示反對，主張還是由國大代表間接

選舉總統。

　　後來馬反對民進黨所提議的以台灣名義加入UN、制定新憲、公投決定台灣前途，也是符合馬對民主消極也沒興趣的意識。

　　上述《蘋論》，一針見血，但說得還算客氣。馬英九的反民主行徑，罄竹難書，比這幾段溫和論述要惡劣。

　　該《蘋論》結語還呼籲：

　　台灣民主已經不僅是我們的生活方式，更是台灣免於遭中國吞食的大戰略。因此每一任總統都有責任與義務深化民主，完善民主。可嘆的是馬總統執政以來出現多次反民主事件，結果讓國際民主自由的評等每況愈下。馬當局和他的友人都是儒家開明專制的信徒，台灣人民不能仰賴他們深化民主，必須緊緊盯住他們，監視他們；而民進黨做為在野黨，更要監督制衡馬當局到錙銖必較、防微杜漸的地步，以保障我們得來不易的民主自由。

　　壯哉斯言！

　　民族主義(民族解放)是20世紀人類文明發展的主流意態，自由民主人權則是21世紀的主流趨勢。中國還困在20世紀的專制文明死角裡，胡錦濤、馬英九等大一統民族主義的信徒，在中國專制主義陰影下，反自由、反民主、反人權，是文明錯誤、時代錯亂的政治人物，應被淘汰、丟棄。

　　台灣的經濟奇蹟已成明日黃花。台灣的政治奇蹟、民主政治發展，才是當前被世界各國，尤其是西方民主國

家，讚美的政治奇蹟。

　　台灣主權獨立存在的理由(raison d'etre)，並不是它的經濟奇蹟，而是它的自由民主人權。馬英九不珍惜這些普世價值，還要出賣、戕害它們，台灣人絕不能認同、許可。

(2010.06.01)

# 第四波民主化？
# 解放廣場的民主示威

1991年杭廷頓發表《第三波民主化》，指出現代民主在20世紀有3波的興盛時代，1. 是第一次世界大戰後的1920年代，2. 是第二次大戰後的1950-60年代，3. 是1989年柏林圍牆崩潰前後的1980-90年代。

尤其是第三波民主化，更是蓬勃發展。根據自由之家的評斷，1998年約有1半的國家(88國)是全自由、53國是半自由、只有50國是不自由的國家。

1992年福山發表了同樣轟動士林的《歷史終結》，認為共產主義歷史終結了，西方的自由民主主義勝利了，人類文明發展的終極目標達到了，不再可能有新的意識型態、理想社會、政治制度的願景出現。

非常詭異地，正當第三波民主化還在大步邁進的時候，1996年，不愧為政治思想家的杭廷頓又發表了一本同樣震撼士林的《文明衝突》，等於對他的第三波民主化和福山的歷史終結投下不定時炸彈。

杭廷頓尖銳指出，1989年共產主義與資本主義、人類的政治意態之爭雖結束了，但古老的種族、宗教、文化、文明之矛盾並未消除，還隨全球化的發展更為敵我分明、

衝突力道並日益增強。

他特別指出，東方儒教與西方基督教，以及中東、中亞、北非等回教(伊斯蘭)與西方基督教文明之間的衝突，更是明顯、嚴峻，大的衝突、甚至大戰雖非必然，卻也很難避免。

加上儒教與回教文明的專制主義及基督教文明的民主主義之間另一面向的文明衝突，世界文明衝突的畫面顯得更是錯綜複雜。

2000年代，第三波民主化，在亞洲儒教、中東和北非阿拉伯回教、及非洲經濟落後的專制文明的阻擾下，不僅遲疑不進，還後退，而有氣數已盡之說。杭廷頓的第三波民主化及福山的歷史終結論，雖沒完全被否定，卻也似乎正在式微，漸成歷史陳跡。

人類社會、共同文明必然匯聚走向自由民主人權的歷史對的一方的歷史終結論，越看越虛弱，不再是不可抗拒的歷史洪流。

在20多年的第三波民主化浪潮中，除了俄羅斯越來越專制外，亞洲的中國、北韓、緬甸、印支、中亞等國的專制獨裁，鐵一般地不變。泰國、巴基斯坦、菲律賓等國的民主則有後退。更有甚者，中東、中亞、北非鄰近30多個阿拉伯回教國度，沒有一個實質民主化。貧窮的非洲情況本就難看，民主化舉步維艱，還有民主倒退的情景，慘不忍睹。南美洲經濟快速發展，民主化有明顯進步，但也有委內瑞拉等國的民主後退。

自由之家的2010年報告開門見山指出，全球自由化連著5年受挫，是自由之家發表自由評論報告40年來連續最久的倒退。尤其在沙哈拉之南(Sub-Sahara)的非洲，民主化節節敗退。還有，俄羅斯和中國的專制政權對自由民主人權的迫害更是有增無減。

總之，21世紀起始的世界民主前景沒人看好。

俄羅斯和中國兩大國的民主前途黑暗，令人深感憂慮。俄羅斯有東方正教，中國更有儒教的東方專制的魔咒。再有就是阿拉伯回教文明的強硬反人權、反自由、反民主的千年文化傳統，根深蒂固。根據自由之家的評定，2010年世界45個專制(不自由)國家，就有27個是回教國度。47個半專制(部分自由)的國家中，也有16個是穆斯林社會。

2010年12月15日，一名大學畢業的26歲失業青年蒙阿西(Mohammed Bouazizi)在突尼西亞首都路旁擺水果攤，警察以無照為由，沒收他的蔬菜和水果，他憤而自焚，導致大規模街頭示威遊行，反對專制統治突尼西亞24年的本阿里(Zine el-Abidine Ben Ali)政權，要求民主改革。

遊行導致流血衝突。一夜間星火燎原，變成人民力量(people power)推動的人民革命(people revolution)，摧枯拉朽，推翻專制政權，逼迫本阿里下台、逃亡國外。

這是阿拉伯國家中第一場因人民力量導致推翻專制政權的人民革命，因茉莉花為突國國花，故被稱為「茉莉花革命」(Jasmine Revolution)。

本阿里於1987年政變推翻政府而掌權。之後，他在

1994、1999、2004年和2009年4次連任總統。他強人專制統治，政治腐敗，但發展經濟，約20年間GDP每年平均以接近5%的速度增長。然而，2008年的金融海嘯導致經濟衰落，失業率大增，貧富差距越大，民心思變，民怨如火山爆發，一發不可收拾，終成人民革命。

如烽火燎原，茉莉花革命不僅在突尼西亞燃燒，還迅速燒到鄰近的阿拉伯國家。一夜間骨牌效應波及的國家有：摩洛哥(Morocco)、阿爾及利亞(Algeria)、蘇丹(Sudan)、約旦(Jordan)、敘利亞(Syria)、歐曼(Oman)和埃及(Egypt)。各國情勢大致類似，反專制、要自由民主的呼聲、示威活動，雖大小不同，但主軸一樣。

警鐘響徹中東各國的皇宮。敘利亞總統阿薩德(Bshar al-Assad)，憂慮地說，中東人民革命的動亂，就像一種傳染病。連中東最富裕的沙烏地阿拉伯都受到衝擊，而有政權搖動跡象出現。

其中，毫無疑問的，以8千萬人口、又有數千年光輝歷史，並為中東最大、最有影響力的埃及，最引人注目。

就像突尼西亞，埃及的穆巴拉克(Hosni Mubarak)，1981年接替遭暗殺的沙達特(Anwar Sadat)成為總統以來，強人專制統治埃及30年。不但經濟發展有長足進步，且在國際權勢政治、尤其中東複雜的區域政治上，更是有舉足輕重的地位。連美國都對穆巴拉克客氣有加，視為盟友。

但是，穆巴拉克30年來用緊急命令(emergency law)威權統治。他曾誇口要當埃及總統當到死。「權力必然腐敗，絕

對權力必然絕對腐敗」，理所當然，穆巴拉克的家天下必然腐敗，民怨日益累積，有如大火山，隨時可能爆炸。

2011年1月25日，受到茉莉花革命的骨牌效應，反政府的示威群眾開始出現在埃及首都開羅及其他大城。大火山終於爆發，要自由、要民主、要人權、要改革、要穆巴拉克下台的吶喊，震撼全國、傳遍全球。

真是星星之火可以燎原，第4天就有百萬人走入開羅的解放廣場(Tahrir Square)，還有數10萬示威群眾走入其他各大城市。

2月1日，在美國、歐盟諸國壓力下，穆巴拉克宣布9月舉行總統大選、他不再競選連任、他的兒子賈瑪爾(Gamal)也不會選總統，但他說死也要死在埃及，並拒絕立刻下台。

1月25日，美國務卿希拉蕊(Hillary Clinton)稱，埃及政局穩定，會對人民合法要求與利益做出回應。1月26日，希拉蕊促埃及當局勿阻止人民和平示威。27日，歐巴馬稱埃及為重要盟友，但也提醒穆巴拉克進行政治與經濟改革。28日，白宮做出最強烈反應，稱將檢討對埃約15億美元的援助。歐巴馬與穆巴拉克通電話，促其與反對派對話。29日，美國務院稱，埃及政府不能光換內閣卻不改革。30日，希拉蕊首度提及希望埃及政權有秩序轉移。31日，歐巴馬派特使赴埃，向穆巴拉克傳達須為有秩序轉移政權做準備。2月1日，美撤僑，歐巴馬稱已要求穆巴拉克立刻展開和平政權轉移。

　　《紐約時報》(2011.02.03)報導，歐巴馬政府正與埃及官員討論讓穆巴拉克立即下台的機制，包括在軍方支持下，將政權移交由副總統蘇雷曼(Omar Suleiman)為首的過渡政府，立即開始進行憲政改革工作；同時，過渡時期政府也應該廣邀反對派團體入閣，包括「穆斯林兄弟會」(Muslim Brotherhood)在內，以期能盡早於9月舉行公平自由的選舉。

　　支持穆巴拉克的群眾，2月3日演出全武行，激化開羅亂象，兩派人馬互擲汽油彈，加上便衣警察疑似混在人群，朝示威者開槍，造成重大傷亡。

　　2月4日，美國電視ABC的名記者Christiane Amanpour獨家訪問穆巴拉克。穆巴拉克說，他不想再當總統，但不能馬上下台，因為他現在下台，怕埃及會陷入動亂。

　　到此，近2週來，埃及示威衝突已造成逾300人喪生，3000多人受傷。

　　2月5日，歐巴馬的發言人強調，埃及應現在(now)立即政權轉移、開始民主化。他說，「現在的意思是昨天(now means yesterday)」。歐盟27國的領導人也同時發聲，譴責穆巴拉克支持者蓄意製造暴亂，要求埃及馬上民主轉變。他們也說轉變必須現在開始(must start now)。

　　同一天，埃及執政黨國家民主黨執行委員集體辭職，包括穆巴拉克兒子賈瑪爾在內的領導高層全部走人，由自由派人士取代，算是對外界要求改革的回應。

　　2月6日，迫於國際壓力，埃及副總統蘇雷曼與反對派展開歷史性對話，共商解決政治僵局，過去被禁止參與

政治活動的「穆斯林兄弟會」也在受邀之列。參與會談者還包括自由派的憲政黨(Wafd)、左傾的全國進步工會黨(Tagammu)、發動反政府抗議活動的民主派青年團體成員、無黨派政治人物與商人代表。

與會人士同意籌組一個25人委員會監督修憲，並於3月第一週前研擬出修正條文；雙方也同意設立辦公室接受針對政治犯處置的申訴、放寬媒體箝制、捍衛言論自由、拒絕外國干預內政，若情勢許可，將解除1981年實施至今的緊急法令。

反對派提議穆巴拉克下台，蘇雷曼接任總統，並未獲蘇的同意。

雖已成跛腳總統，穆巴拉克還在做困獸之鬥，但如同本阿里一樣，他的下台已成歷史必然。埃及、突尼西亞及其他阿拉伯國家的民主化大門已掀開，門開了要關起來，沒那麼容易。不過，這些回教國度能否成功民主化，恐怕還有一大段曲折的路要走。

從杭廷頓的民主化及文明衝突兩大論述來看，有些歷史詮釋值得重視。他的第三波民主化也許在21世紀開頭幾年受挫，但歷史長河地看，並未終止，轉了一個彎，還再繼續、甚至加速前進。

他的文明衝突論指的專制文化，如俄羅斯的東方正教、東亞的儒教，以及中東、北非和中亞的回教，雖專制主義根深蒂固，但也非鐵板一塊，還是有其民主變遷的人性、人道基因(DNA)，民主化當然可能。

　　杭廷頓的文明衝突論有一盲點，那就是他低估了人民力量、人同此心追求自由民主人權普世價值的人性、人道共同性。

　　人民力量發動人民革命推翻專制政權，如捷克的天鵝絨革命(Velvet Revolution)和柏林圍牆崩潰推翻東歐共產主義、菲律賓的人民革命推翻馬可仕政權、印尼的人民革命推翻蘇哈托政權、南韓的光州事件導致民主化，以及台灣的美麗島事件和中國的六四天安門事件，雖文化不同、作法有差異、成敗也有別，但基本人性、人道主義、追求自由民主人權的本質、意義相同。

　　中東風起雲湧的民主運動，能否稱爲21世紀的第四波民主化，大概還言之過早。不過，說它已成爲很難抗拒的歷史發展趨勢，應不爲過。

　　埃及的解放廣場民主示威，跟北京天安門的民主示威一樣，讓中南海的領導怵目驚心。中國全面控制媒體，不讓埃及消息傳入中國，怕讓人民看到，有樣學樣，引爆第2個天安門事件。

　　至於台灣，民主化來得不易，應努力維持、深化，不要讓馬英九弱化、出賣。對中國的民主化，更不要有所期待，把台灣前途和中國的民主化綁在一起，不切實際，有飲鴆止渴的致命危險。

(2011.02.07)

　　後記：2012年5-6月，埃及成功舉行總統選舉，
這是埃及有史以來第一個真正公開、公平的民主總統
選舉。6月2日，因下令武力鎮壓、屠殺示威群眾，穆
巴拉克被埃及法院判處無期徒刑。

# 真假民主人——達賴喇嘛和馬英九

　　人的問題錯綜複雜，很難1＋1＝2。從古希臘城市民主開創以來，人類2000多年的民主政治發展，各國人情世故有異，過程和結果也有別，但從傳統到現代、專制到民主、人治到法治、人情關係到制度運作的發展主軸，容有小別，沒有大異。

　　傳統專制社會重視人情、人的關係，所以，情理法以人情為主，以情領法。經過民主現代化，現代社會則反過來重視事的處理、法的運作，故法理情反過來，以法為主、以法領情。

　　不過，兩者之中的情理法或法理情，都無法完全釐清、分割得清清楚楚，妳中有我，我中有妳，藕斷絲連，不小心還會亂成一團。傳統社會講情但也不能沒法，現代社會講法也不能沒情，人的因素還是非常重要。

　　民主化講理性化、制度化、法治化，但民主化過程中，成敗更常決定於人的因素。從專制到民主的關鍵轉變(transition)過程，領導人的信念、抉擇、行動常決定民主成敗的不同結果。

　　研究政治社會發展的大師們，如Max Webber、Talcott Parsons、Lucian Pye等，都認為傳統專制社會轉變為現

代民主國家要經過一段激烈改革、甚至革命的**轉變社會** (transitional society)。在這轉變社會中扮演決定性的人物，常是有政治魅力(charisma)的改革者、甚至革命家。

沒有Oliver Crowmwell這位梟雄人物，就可能沒有推翻英國帝制走向民主現代化的歷史契機。沒有美國獨立革命的政治菁英，Samuel Adams, Patrick Henry, George Washington, Thomas Paine, Benjamin Franklin, John Adams, Thomas Jefferson, James Madison and Alexander Hamilton 等，就不可能有美國成功的獨立運動、民主化。

就是因爲沒有這些言行皆佳的政治菁英，同一時代爆發的法國革命就一塌糊塗，不久就有拿破崙(Napoleon Bonaparte)的專制復辟。

19世紀中葉後，東方專制的中國和日本都被西方帝國打開大門，被迫革新。中國的李鴻章、張之洞、袁世凱、康有爲、梁啓超，在現代化的學識修養、行動能力上，就是比不上日本的坂本龍馬、西鄉隆盛、大久保利通、伊藤博文等維新人物。是故戊戌政變無成，明治維新有成；中國是專制復辟，日本是成功西化、現代化。

孫中山算是異數，他是「美國人」。雖有現代化的觀念，但不僅理念、信念不足，革命行動能力也差勁，連袁世凱都鬥不過。後來更糊里糊塗接受列寧主義，留下國民黨專制的政黨基因。

之後，蔣介石和毛澤東，算是魅力領袖，但非現代民主化、而是中國傳統專制的梟雄人物。1989年天安門，專

制掌握軍權的鄧小平決定鎮壓，較有改革現代化想法的趙紫陽無能爲力，結局天壤之別。當年，胡錦濤支持天安門鎮壓，今天他還是鎮壓西藏、新疆、劉曉波。

1959年3月10日，西藏人民起義抗拒中國共產政權的暴虐統治，老毛派兵鎮壓，達賴喇嘛帶領藏人越過喜瑪拉亞山逃亡印度，在Dharamsala成立流亡政府，至今50多載。

達賴50多年來風塵僕僕，遊走世界列國，爲了西藏前途，也爲了自己培養了豐富的自由民主人權的智慧、信念和行動的革新能力。1989年他獲得諾貝爾和平獎，被認爲是世界級的宗教政治領袖，既有理念，也有魅力、能力、和作爲。

2011年3月10日，在紀念西藏流亡52週年的歷史時刻，達賴宣布，他將辭去西藏政府領導職位，不再干政，只維持他的宗教精神領袖地位，政教分離，建立一個現代民主化的西藏。他說，民主適合亞洲國家，如台灣，西藏應立即實現民主政治。

他說，「精神領袖、國王或印度王侯的統治現在已經過時(Rule by spiritual leaders – by kings or rajas – is now outdated)。」「我不要變成像穆巴拉克(I don't want to be like Mubarak)。」

3月20日流亡海外的藏人舉行西藏流亡政府噶倫赤巴(Kalon Tripa，總理)及國會議員選舉，結果在4月底揭曉。主要總理候選人Lobsang Sangay(42歲)、Tenzin Tethong(62歲)都是有民主素養的學者和政治行動者。前者爲哈佛大學法學研

究員，後者為史丹佛大學高級研究員，都是西藏自主運動的積極分子。在他們領導下，西藏民主現代化前景看好。

西藏政教合一、由達賴喇嘛(共14世)宗教兼政治領袖，始於1642年，已有400多年歷史，可謂根深蒂固。第14世達賴喇嘛一手主導從神權跳過王權直接進入民權、民主時代，其轉變之速、之急可謂驚世之舉，令人稱奇、讚賞。

台灣在蔣家父子獨裁統治下，民主化之路走得千辛萬苦。1979年高雄事件，蔣經國採王昇鷹派的鎮壓手段，一網打盡黨外菁英。之後內外民主化的壓力日益增強，1986年民進黨闖關組黨，蔣經國身心都已衰竭，無力鎮壓，被迫向《華盛頓郵報》發行人 Katharine Graham說出「時代在變，潮流在變，環境在變」，讓民進黨「就地合法」。

台灣民主化是在李登輝12年總統手中，從廢除萬年國會到總統直選，發揚光大，建立民主制度，並讓它順利運作。再經過陳水扁政黨輪替，才把台灣民主帶入初步鞏固階段。

不過，正如杭廷頓所說，民主會倒退，甚至回到專制。法國大革命後的拿破崙、德國Weimar Republic的希特勒、俄羅斯的普丁(Vladimir Putin)、智利的Augusto Pinochet、中國民國初年的袁世凱、日本30年代的極端民族主義者(田中義一)和軍國主義者(宇垣一成)，都是民主化的殺手，專制復辟的元凶。

君不見，2008年馬英九一上台就國家認同大轉彎，阿輝伯的「兩國論」和阿扁的「一邊一國」一夜間就變成

「92共識」、「一中各表」（「各表」說給自己聽）。同時，他和胡錦濤遙相呼應，大拜孔廟，大搞儒教復辟，大肆吹噓、洗腦、宣揚大中華文化、民族主義，顯示，兩位難兄難弟，都有中國傳統專制政治文化的DNA，他們的民主素養很薄弱。

馬英九在美國唸研究所時就為專制的國民黨政權服務，一生以蔣家父子的繼承人自居、為榮，支持壓抑台灣民主化，1979年支持鎮壓美麗島，1986-87年反對解除戒嚴，1990年反對阿輝伯的總統直選，2008年後崇拜胡錦濤。3年來，在人權改善、言論自由、民主深化上，他交白卷，台灣民主不進還退。

應是中古時代神權主義的達賴向民主大路邁進，應已現代民主化的馬英九卻在專制復辟的死胡同裡轉來轉去，這樣充滿反諷的歷史情景，真令人看得啼笑皆非，不知今夕是何夕。

(2011.03.26)

# 師生論政——並談中國崛起

1991年杭廷頓發表《第三波民主化》，立即成為經典。1992年，他的學生、剛拿到哈佛國際政治學博士的福山，發表了《歷史終結》，轟動士林，洛陽紙貴，為他賺了第一桶金。

1996年杭廷頓再出鉅作《文明衝突》，反駁他弟子的歷史終結論，一樣引起震撼，激起千層爭議風浪。

3大著作連在一起，一氣呵成，都成必讀經典，讓我們這些「蛋頭」書生手忙腳亂，又讀、又辯、又批、又讚，死了一大片的腦細胞。我就用這3本書教了20年的比較政治、政治發展、民主化。真是誤人子弟。

二戰後，蘇聯崛起，領導共產主義，與美國領導的資本主義爭世界霸權。這個美蘇兩極(bipolar)的冷戰一打就是40多年，一度勢均力敵，讓美國頭痛，也曾讓世界民主發展倒退。直到1989年柏林圍牆倒塌，東歐共產主義崩潰，西方資本主義、民主政治才大勝。

杭廷頓的第三波民主化，聲勢浩大，1990年在130個中有59個是民主國家。

之後，民主化持續前進，2000年達高潮，190多個國家中約有一半建構了民主政治制度。但是21世紀開始的10

年，世界民主化遲疑不進，民主國家沒再增加，甚至略有減少。

福山頗得師傳，青出於藍，把第三波民主化推論成歷史終結，認為資本與共產主義的意態之爭，於柏林圍牆倒塌後終結，前者大勝，後者大敗，人類追求理想社會的終極目標達到了，歷史發展到此為止。他的結論是世界所有國家遲早都會朝此自由民主歷史終點邁進，成為民主國家。

1996年杭廷頓卻給福山澆冷水。他看到1989年天安門後的中國民主化不進反退，更為專制。猶有甚者，中東、北非等回教文明國家鐵板一塊，不僅民主化無望，還在蘇聯崩潰後的東歐、南歐、中東、中亞、北非各地發動「聖戰」(jihad)，挑戰西方民主國家的基督教文明。他因而推出文明衝突論。

一出書，文明衝突論就被大肆批判，我也寫過批評文章。當時，福山的歷史終結論還方興未艾，尤其在2000年上台的布希年代，歷史終結由理論變成新保守主義(neo-conservatism, neocon)的外交政策行動綱領，而成「布希主義」(Bush Doctrine)。福山和Paul Wolfowitz、Doug Feith、Richard Perle、John R. Bolton等neocon大將進入布希的國安系統，呼風喚雨，不僅主張歷史終結，還劍及履及推動「preemptive strike」(先斬後奏)、regime change(政權更變)的外交政策，要積極、甚至武力介入推翻專制政權，強勢推展民主化。

2001年的911開打(al Qaeda)恐怖分子攻擊美國，驗證了杭廷頓的文明衝突論，也給了新保守主義政權變更的行動基礎。杭廷頓和福山在歷史發展的峰迴路轉上再次奇妙匯聚，相互激盪。

不過，歷史發展從來沒有如是終極、順暢。「布希主義」在伊朗、阿富汗兩個穆斯林國家推動，備極艱辛，把超強美國搞得灰頭土臉，難看之極。

2008年布希下台，歐巴馬上台，棄「布希主義」若敝屣，急著找「出路」戰略(exit strategy)，要從伊、阿撤軍，撤手不管。至此，新保守主義被認為完全失敗，是歷史錯誤的論述。第三波民主化也在2000-2010年的10年中一無進展。歷史終結似乎成歷史塵埃，無關重要，無人問津。

福山雖沒放棄他的歷史終結論，但也明確表示不再接受新保守主義。他於2006年發表《America at the Crossroads》(站在十字路口的美國)，宣布脫離neocon陣營。

杭廷頓死於2008年聖誕前夕。他的第三波民主化不僅沒前進還後退(俄羅斯、中國、泰國、台灣等)，但是，他的文明衝突卻更鮮豔、尖銳，儒教、回教、東方正教文明更趨專制獨裁，與基督教民主文明邁向衝突，大戰有一觸即發之勢。

但是，真是人算不如天算，誰也沒想到2011年初會爆發驚天動地的「茉莉花革命」，3個月間橫掃突尼西亞、埃及、利比亞、巴林、敘利亞、也門等回教國家，「人民力量」所向披靡，把專制統治各國30、40年的獨裁者掃入

歷史垃圾堆。

這個要求自由民主的「人民革命」，星星之火燎原，一直燒到儒教文明的專制中國，讓北京領導諸公驚惶失措，反應過敏，變本加厲鎮壓人權律師、民運人士、宗教團體和其他異議分子，引起美國、歐盟、澳洲等民主國家的反彈、譴責。

令人驚訝的是：反對新保守主義、「布希主義」、急著要從伊朗和阿富汗撤軍的歐巴馬，竟也和英國、法國等民主國家聯合作戰，「布希主義」地派兵支持中東、北非的茉莉花革命，推翻甚至原是美國盟友的獨裁者。

真是風水輪流轉，杭廷頓的第三波民主化再度生龍活虎、勇往前進，邁向第四波民主化，把3個月前還是鐵板一塊專制主義的穆斯林世界，像1989年柏林圍牆崩塌一樣，弄得分崩離析。

同時，杭廷頓的文明決定論及穆斯林很難、甚至不能民主化的論述，被置疑。已快被遺忘的福山的歷史終結卻浴火重生，再被驗證為歷史發展的主軸。

歷史(上帝)真會作弄我們這些凡夫俗子。福山又紅起來了。最近，《新聞週刊》(2011.4.18)專文報導福山。已離開華府移居北加州(Palo Alto)，在史丹佛大學當高級研究員的福山，正要發表新書《The Origins of Political Order》(政治秩序的根源)，能否再引風潮，引人注目。

他歷史宏觀地分析中國、印度、伊斯蘭、歐洲國家的政治發展，更深層地延伸他的老師杭廷頓的文化論。他對

中國、埃及等中東國家的民主化並不樂觀，認為要在這些深厚傳統專制的國家建構民主、法治、消除貪污，非常不容易。

他認為，中國目前的鐵腕控制、專制統治比中東各國要高明、有效，在中國要發動茉莉花革命很難。不過，他還是相信，遲早民主化的星星之火會燎原到中國。

茉莉花革命雖邁向歷史終結，但其民主化必然漫長、辛苦，能否觸動中國的第五波民主化，歷史長河地看當然可能，但短、中期地看，很難令人樂觀。

君不見，共產黨一黨專政的中國是人類歷史少見的非常孤獨的崛起強國。一個世界第二大經濟、軍事強國，卻除了北韓、緬甸兩個「流氓」國家外，沒有一個像樣的盟邦，真夠孤苦伶仃。

不僅如此，北京還被鄰國視為威脅，並與美國為主的民主陣營為敵，認為它們都不懷好意，百般阻擋中國崛起。因此，中國窮兵黷武，建築層層防火牆維護自己，對內鎮壓人民，關起門來打狗，對外防衛嚴密，不讓外人干預中國事物。

在這樣的中國要搞人民革命還真難。中國太大、太強，連超強美國要在中國支持茉莉花革命，都要三思而行，不敢輕舉妄動。

但是，13億人口的中國沒有民主化，中共繼續專制統治，人類文明的終極發展就不可能大功告成，歷史終究不能終結。

杭廷頓和福山師生論政，留下的「爛攤子」，處理起來還真棘手。能否有個全人類皆大歡喜的結局，以人性原罪(original sin)論來看，恐怕無法樂觀。(2011.04.30)

後記：2011年3月，緬甸的改革派的新總統登盛(Thein Sein)上台組織第一個文人政府。8月，登盛和最近才被解除幽禁的翁山蘇姬見面。12月，美國國務卿希拉蕊第一次訪問緬甸，與翁山蘇姬會談甚歡。2012年4月，翁山蘇姬的NLD(National League for Democracy)參與國會補選大勝，翁山蘇姬進入國會，將領導反對黨大力推展緬甸的民主化，獲得全世界民主國家的同聲按「讚」。

2012.06.13翁山蘇姬出訪瑞士、挪威、愛爾蘭、英國、法國。這僅是她24年來第2次出國訪問。在各國，她都受到國家元首級的接待。

2012.06.16，她在挪威奧斯陸參加為她舉辦的諾貝爾和平獎(1991年度)頒獎儀式，她說：「諾貝爾獎讓國際社會認識到緬甸對民主與人權的追求，我們並不會被世界所遺忘。」她呼籲：

讓我們攜手共創一個世人皆能「安心入睡、歡欣醒來」的和平世界。

「安心入睡，歡欣醒來」是卑微的願望，渺小的希求，在民主法治社會，理所當然，但在「欲加之罪何患無辭」的威權、專制國家，在動亂不安、盜匪頻

仍的社會，「安心入睡，歡欣醒來」卻是奢求，是大事。讓我們攜手共創一個世人皆能「安心入睡、歡欣醒來」的和平世界。

2012.06.20，翁山蘇姬在英國牛津大學博德利圖書館被授予榮譽博士學位。訪英期間，她還在西敏寺國會演講，受到熱烈歡迎。

第三輯 人權篇

　　科學家研究DNA證明，不管皮膚是黑、白、黃、紅或棕色，我們人類都來至同一個祖先。人類文明發展，到了21世紀，無疑地，人權觀念已根深蒂固。人權至上，超越國界、種族、宗教、文化、文明、膚色、性別、意識型態，已為普世價值。現代主權在民、民主政治就是建構在相同的人權觀念的基礎上。聯合國的《人權宣言》、《公民權利和政治權利國際公約》和《經濟、社會及文化權利國際公約》，已成世界各國必須遵守的規範。

　　在中國和美國，人權觀念、標準不同之說，根本胡說八道。20世紀如果是民族、國家主義的世紀，21世紀可以說是人權和民主主義的世紀。胡錦濤等中共領導人強調民族、國家主義，壓抑人權和民主，馬英九跟著胡錦濤喊中華民族、中國國家主義，實在令人錯愕，無法認同。

# 二二八和六四都是違反人類罪

　　蔣介石、毛澤東、鄧小平都觸犯嚴重違反人類(人道)罪 (crimes against humanity)。

　　老蔣和老毛1920年代開始打中國內戰，為了爭奪一統中國天下，要當中國的皇帝，殺來殺去不知殺了幾千萬中國人。老蔣在台灣獨裁統治，1947年228大屠殺和1950年代的白色恐怖，又殺了好幾萬台灣人。老毛搞大躍進和文化大革命，更害死了千萬中國人。鄧小平下令1989年的64(六四)天安門大屠殺，一殺也是幾千無辜學子。

　　228和64都是違反人類罪，歷史應該如是明確記載。違反人類罪不僅要留下歷史記錄，真相要鉅細靡遺查清楚；還有，違反人類罪，不能只留下記憶就算了，還要留下轉型正義，記下應得的歷史審判和懲罰。

　　希特勒的納粹德國殺了6百萬的猶太人，犯了歷史最嚴重的違反人類罪。猶太人建國後，不僅追查、記錄真相不遺餘力，每一個殺了猶太人的納粹官員所作所為都要調查清楚，還要追盡天涯海角，該殺的要殺，該繩之以法的，要捕抓回去繩之以法，絕對是以牙還牙，一點「忘記與原諒」(forget and forgive)的餘地都沒有。

　　有人認為以色列人太過分；但也有人認為，面對違反

人類罪，只有堅決保持完整真相和維護正義，才能前車之鑑永在，人類歷史記憶永存，如是慘絕人寰的違反人類罪也才不會一再重犯。

前蘇聯的史大林、前南斯拉夫的米洛塞維奇(Slobodan Milosevic)及波斯尼亞的卡拉迪奇(Radovan Karadzic)、伊拉克的海珊(Saddam Hussein)、北韓的金正日、津巴布維的姆加貝(Robert Mugabe)、蘇丹的巴歇爾(Omar al-Bashir)等當代獨裁者，都犯了違反人類罪，都要接受人類歷史、甚至國際犯罪法庭的審判，接受正義的懲罰。

台灣228大屠殺的元凶和中國64天安門的屠夫，蔣介石和鄧小平也都要面對歷史正義法庭的審判。不僅要把228和64的真相查清楚，還要根據正義原則給他們嚴厲定罪，判處他們所犯的違反人類罪。

2007年5月5日，《聯合報》指稱，三立新聞台《228走過一甲子》特別報導中，引用國共內戰上海處決共黨的紀錄片畫面，移花接木為228事件場景，涉及造假。國民黨立委江連福、洪秀柱等也痛批，三立利用假新聞、假悲情，製造真仇恨，簡直就是其心可誅。

他們嚴格批判三立新聞失誤，雖偏頗但可以理解，不過，他們想藉此「洗白」(white wash)國民黨滿手血腥的228違反人類罪，其居心叵測，則絕對不可讓其得逞。

《228走過一甲子》報導，「國軍21師的中國軍隊，1947年3月8日從基隆港上岸即展開慘烈屠殺」。引起爭議的片段長約20秒，是黑白紀錄片，節目標題為「血染基隆

港，碼頭屠殺紀實」。片段顯示幾名國民黨軍人在上海槍決犯人，向犯人頭部開槍，多人圍觀。當時，旁白則講述在基隆港，國民黨軍在婦女和小孩面前殘殺他人，朝腦袋開槍轟斃別人。《聯合報》以此嚴批造假、誤導。

228受害人親屬、台灣228關懷總會會長周振才，馬上跳出來指證，控訴228事件中基隆傷亡慘狀比上海嚴重百倍，不能因誤植照片抹殺歷史真相。

基隆228關懷協會理事長游祥耀也表示，國軍21師從基隆港西二碼頭靠岸，軍隊還沒上岸，就開始掃射。台灣人沒有理由就被捕，未經審判就槍決，推入基隆港邊，令人觸目驚心。

他們引述基隆死裡逃生的受難者林木杞的說法，民眾被捕後，就在現今的東岸停車場(舊時的港邊)，10個人排成一排，用鐵絲穿過手掌、腳踝，再一一槍斃，用腳踹入海裡。林木杞排在第10個，被前一位受難者拖入海，因而沒有射中，在海裡沉浮多日才逃出來，當時基隆港海邊浮屍遍野，比上海更慘。

周振才的祖父楊阿壽與副議長楊元丁是好朋友，事發當天，兩人一同前往汐止採購物品，楊元丁回到議會後就被國軍抓去槍決，他的祖父外出找朋友逃過一劫，但國軍上門抓不到他的祖父，卻將他的父親和叔父抓走，第2天叔叔就遇害。

國民黨專制統治台灣，雖然很多228檔案已被燒毀，但留下的原始證據已可還原部分史實，證明萬人以上台灣

社會菁英被無辜慘殺，也已證據確鑿證明蔣介石是228元凶。他應為此違反人類罪負責，並受到該有的懲處。

2007年五月，香港親中立法局委員馬力向媒體發言，認為64天安門並沒有發生大屠殺(massacre)，屠殺之言都是外國鬼子憑空製造的。他說，他不相信中國共產黨會不分青紅皂白，用機關槍掃射學生，還用坦克車輾過學生屍體。

明顯地，他在呼應中國當局「64天安門沒有人被殺」的謊言，在替中共專制政權「洗白」所犯的違反人類罪。

王丹等當事人馬上跳出來反駁，說他亂講話。身在美國的89民運人士王丹回覆《明報》查詢時，批評馬力的說法是喪盡天良，「對於這種人，不期待他會道歉」。他重申，有關北京市民被坦克輾成肉餅，當年有照片為證，並有很多相關書籍引用。

64後蒐集死難者名單的「天安門母親」代表人物張先玲，對馬力的64非屠城言論表示憤慨。她說，死者家屬至今已查證2000多人死於64，部分人是被坦克壓死，有根有據。

在北京的張先玲告訴香港《明報》，蒐集的名單裏就有好幾個被坦克壓死，其中有一個活著的安徽人叫方正，雙腿被坦克壓斷，目前人在合肥，馬力怎麼能說沒有呢？

她並表示，「我們說話都是有根有據的，我們說死了約2000人，絕不是信口雌黃，名錄裏記載得很清楚，馬力根據是什麼？」

不管北京如何想要湮滅歷史真相，證據確鑿的真相已載入史冊，鄧小平、江澤民、胡錦濤等屠夫，想「洗白」天安門血跡，必然徒然。

同理，阿扁總統把紀念228元凶蔣介石的「中正紀念堂」正名為「台灣民主紀念館」，當然是台灣轉型正義非做不可的事情。台北市在郝龍斌的國民黨反動政府領導下困獸猶鬥，弄出個「暫定古蹟」的荒謬名堂，無理取鬧，想要阻擾台灣民心所向的正名運動。

如此荒唐行徑不僅一定螳臂當車，徒勞無功，還必適得其反，觸怒台灣人民，要把蔣介石送入歷史正義法庭審判的日子提前，轉型正義更早實現。

君不見，史大林已被鞭屍，米洛賽奇死於國際法庭監獄，卡拉迪奇成通緝犯在逃亡，海珊被判違反人類罪被絞死，金正日、姆加貝、巴歇爾等的歷史審判日，應也不遠。

只有中國的兩個難兄難弟，老毛死屍還躺在天安門，老蔣死屍也躺在桃園慈湖，要糊里糊塗、是非不明的中國人、台灣人繼續膜拜。不過，歷史正義的手臂很長，法網恢恢，他們能逃掉被審判、被鞭屍的命運嗎？我們等著看吧！

(2007.05.21)

後記：卡拉迪奇於2008年7月21日被捕，送往海牙國際犯罪法院受審。

# 卡拉迪奇的殺人故事

　　21世紀初，因為二次世界大戰後的快速全球化，國際社會、國際政治及國際法都有根本實質性的變化。1648年維也納會議制訂的現代國家主權觀念，也即國家主權至上、至高不可侵犯的國家主義，作為國際政治及國際法的基本獨立變數，到了2008年已被嚴厲挑戰、顛覆，不再如是至高無上，不可分裂、侵犯。

　　歐盟的深度區域整合，已使20多個國家之間的國土界線模糊，甚至消除，也已使國家主權完整、不可侵犯的法理逐漸弱化。NATO(北大西洋公約組織)、UN等國際組織的維和部隊已遍及全球各角落，解決爭端、維護和平。UN人權組織根據UN人權宣言也插手世界各國的人權內政，其國際刑事法庭(International Criminal Court)更是不斷起訴、捕捉、審判「違背人道罪」(crimes against humanity)的國家領導人。

　　以國家主權至上，民族及國家主義之名迫害基本人權，侵略他國，觸犯「違背人道罪」、清洗少數民族(ethnic cleansing)，已不再是可以受到國家主權保護，逍遙法外，不被繩之以法。

　　2008年七月初，犯下二戰後歐洲最嚴重種族滅絕罪行，而遭通緝的波士尼亞(Bosnia)塞爾維亞裔(Serbian)的領袖

卡拉迪奇(Radovan Karadzic)，在逃亡近13年後於塞爾維亞首都貝爾格勒(Belgrade)落網。消息傳開，曾被他無情包圍砲轟3年7個月的波國首都塞拉耶佛(Sarajevo)，立刻有數百民眾走上街頭慶祝。

塞拉耶佛民眾在得知卡拉迪奇被逮捕後，紛紛走上街頭，徹夜狂歡，感謝老天有眼，讓這位在波士尼亞內戰中大肆屠殺、進行種族淨化的大魔頭，繩之以法。許多民眾紛紛上街歡呼，奔相走告，汽車駕駛不停地按喇叭，波士尼亞國家廣播公司不停地播放這個消息。

塞爾維亞總統塔迪奇(Boris Tadic)發表聲明說，63歲的卡拉迪奇行蹤曝光，被塞國安全部隊於7月21日晚間逮捕。卡拉迪奇被控訴在1992至1995年波士尼亞內戰犯下戰罪(war crimes)、種族滅絕罪與違反人道罪。

卡拉迪奇與其手下姆拉迪奇(Ratko Mladic)都被控告種族滅絕罪，包括在UN「安全區」雪布尼查(Srebrenica)殘殺8千名手無寸鐵的波士尼亞穆斯林，而卡拉迪奇還被控訴在包圍塞拉耶佛期間授權槍殺平民。

卡拉迪奇落網後，將被引渡到荷蘭海牙UN設立的前南斯拉夫國際戰罪法庭接受審判。

被形容是「歐洲賓拉登」、「波士尼亞屠夫」的卡拉迪奇，是南斯拉夫前總統米洛塞維奇(Slobodan Milosevic)的親密盟友。米洛塞維奇在海牙國際戰罪法庭宣布其審判結果前，死在獄中。

卡拉迪奇的落網，是塞爾維亞邁向歐盟會員國的主要

條件之一。對他的落網,除了一向支持南斯拉夫及塞爾維亞的俄羅斯外,世界大多數國家、美、英、法等國都立即表示歡迎。

UN秘書長潘基文讚揚,這是13年來,苦等卡拉迪奇接受法律制裁的受害者的「歷史性一刻」。德國總理梅克爾(Angela Merkel)也說,卡拉迪奇被捕是個「歷史性時刻」。法國外長庫希內(Bernard Kouchner)則說:「終於等到了,我們等待這個時刻已13年了。如今掀開了新的一頁。」

二戰後,前南斯拉夫強人狄托(Tito)一手建國,把種族、宗教、歷史恩怨錯綜複雜的巴爾幹半島強力組成南斯拉夫。1980年狄托去世,南斯拉夫馬上面臨分裂內戰。米洛塞維奇採取殘暴鎮壓,對其他種族、宗教,尤其是波士尼亞的穆斯林及天主教徒,推動種族清洗。

1992年,波士尼亞宣布脫離南斯拉夫獨立建國,立即爆發血腥內戰,一打3年。卡拉迪奇採取與米洛塞維奇同樣的冷血、殘酷種族清洗,大肆屠殺穆斯林及其他非塞爾維亞族群。塞爾維亞與俄羅斯人一樣,屬東方正教。

3年波士尼亞內戰,200萬非塞爾維亞族群被迫離鄉背井,2萬人被屠殺,無數婦女被塞爾維亞軍隊強姦。

1995年,歐盟強力派兵插手後,波士尼亞受UN託管。卡拉迪奇和姆拉迪奇被通緝。他們之所以能長期逍遙法外,主要是因為他們在藏匿的塞國被許多人奉為塞爾維亞民族英雄,所以,獲得各方掩藏庇護。

然而,亟思加入歐盟的塔迪奇新政府,於2007年6月

接下前總理、民族主義者科斯圖尼查(Vojislav Kostunica)的政權後，終於讓緝捕卡拉迪奇歸案露出曙光。杜迪克表示，卡拉迪奇被捕他如釋重負，這為他的內閣除去了一個重擔。

UN於1993年在荷蘭海牙成立前南斯拉夫國際刑事法庭，專責究辦南斯拉夫內戰期間戰爭罪行相關刑責。根據檢方1995年7月24日的起訴書，在1992年至1995年波士尼亞內戰，卡拉迪奇擔任波士尼亞塞裔自立政治實體塞普斯卡共和國(Republika Srpska)總統，及自建的波士尼亞塞爾維亞軍隊統帥，訴諸種族屠殺、強制遷徙等違反人道罪行，意圖滅絕敵對的波國穆斯林、克羅埃西亞(Croatia)等族群。

卡拉迪奇被指控是波國內戰惡名昭彰的「雪布尼查大屠殺慘案」和「薩拉耶佛圍城」主謀。波國塞裔近1萬5000人部隊，於1995年7月攻陷UN在波東戰略要城雪布尼查設立的「安全區」後，強制驅離當地數千名非塞裔的穆斯林婦女、孩童及老年人，隨後於1星期內將「安全區」所有具備作戰能力的男子(包括10多歲的青少年)近8000人，分批送至多處地點集體屠殺。這是二戰期間納粹迫害猶太人以來，歐洲最嚴重的侵害人權及屠殺族群慘案。

還有，1992年4月持續至1996年2月的薩拉耶佛圍城，是在NATO採取干預行動後才解圍，期間約有1萬人喪生。

以前南斯拉夫來看中國。1950年代毛澤東派兵入侵西藏，展開近60年的迫害藏民的宗教自由、政治自治、文化

自主基本人權，1989年鄧小平的天安門大屠殺，1990年代江澤民的迫害法輪功，以及2000年代胡錦濤的鎮壓藏人和維吾爾人，根據UN人權宣言，當然他們都觸犯了違背人道罪。

法網恢恢，疏而不漏，對卡拉迪奇而言是說對了；但是，對毛、鄧、江、胡中國4代領導，卻沒說對。他們不會被送去國際刑事法庭受審。不過，在終極審判的歷史法庭裡，他們要避免被審判、被判觸犯違背人道罪，大概很難。

對台灣來講，台灣和波士尼亞要自由民主獨立建國，目標一樣；但半個多世紀以來，兩國命運有相同也有不同之處。波士尼亞很不幸，被專制統治，殘酷屠殺。台灣一樣很不幸，曾受專制國民黨戒嚴統治，有228大屠殺和白色恐怖，蔣家父子和米洛塞維奇、卡拉迪奇一樣，都滿手血腥，犯了違反人道罪，但也像老毛和老鄧，沒被海牙的國際法庭判刑，死屍仍還在台灣受「呆胞」膜拜，轉型正義有待歷史法庭終極審判、實現。

不同的是，台灣人民努力爭取自由民主的過程，還算順利，並大有所成。

不過，人家波士尼亞已獨立建國成功，成為UN會員國，台灣還是非正常主權國家，無法進入UN。

以目前的國際法規定，如果台灣堅持站在歷史對的一方，努力自由民主建國，和平發展國際關係，站在歷史錯誤一邊的專制中國，如果不顧人道主義、國際正義、國際

法，硬要以過時的大中華民族主義、甚至違背國際法的
「反分裂國家法」，發動戰爭，發射飛彈屠殺台灣人，就
像波士尼亞的卡拉迪奇及其軍頭姆拉迪奇，胡錦濤及其軍
委頭子將同樣犯了違反人道罪，他們不一定能像老毛、
老蔣和老鄧，逃避被UN的刑事犯罪法庭起訴、判刑的命
運。

　　雖然不能相提並論，台灣總統馬英九也應看了卡拉迪
奇的遭遇而有所反思、警惕。我要提醒馬總統，他比卡拉
迪奇的歷史命運好太多了，要好好珍惜、不要削弱、出賣
台灣的自由民主、國家主權。

(2008.07.27)

# 伍維漢被處死、馬英九不公不義

　　被中國指控是台灣間諜的科學家伍維漢，2008年11月28日遭處決。對此，美國與歐盟同聲譴責。奧地利外交部次長溫克勒(Hans Winkler)緊急召見中國駐奧外交官員，表達強烈不滿，他表示，奧國與歐盟已盡全力搶救伍維漢，「中國這樣沒有人性的作為，已嚴重傷害中國在奧地利的形象」。

　　伍維漢的兩名女兒聲明說，她們獲准28日與其父會面，結果奧地利駐中國使館人員卻告知他已在清晨5時被處決，迄今她們還未接獲中國官方的正式通知。

　　聲明指出：「當我們還抱有希望時，中國官方竟秘密行刑。我們未能與父親訣別，對於被告知家父會如何的基本與普世權利，我們皆遭拒絕，從家父遭捕，整整4年，家人都被欺瞞。」

　　伍維漢在1990年代居住過奧地利，他的女兒都是奧地利公民。歐盟與美國曾一再要求中國釋放伍維漢。

　　歐盟28日聲明說：「對於中國漠視歐盟及其一些會員國一再要求延緩伍案死刑執行的呼籲，我們深表遺憾。歐盟以最強烈的措辭譴責中國，這項處決嚴重破壞歐盟與中國人權對話所需的互信與相互尊重。」

　　奧國外交部長普拉斯尼克(Ursula Plassnik)說，行刑當天歐盟與中國正就人權議題進行溝通，這更凸顯處決的「無情、冷酷」。奧國外交部聲明說，伍案的審判過程違反國際人權標準，而且歐盟與其家屬還被錯誤與矛盾的訊息誤導。

　　美國政府質疑伍維漢的台諜指控，並表示，他在逼供的情形下自白，自白當時並無律師在場，而且他稍後翻供。美國國務院指出，對於伍維漢的死亡，「深感不安與失望」。

　　奧地利國家通訊社引述致力援助中國政治犯的「中美對話基金會」報導，59歲的伍維漢被控把在中國科學院圖書館影印的文件，以及中國領導人的健康狀況交給台灣。他在2005年被捕，2007年5月被判死刑。

　　這個事件，再次赤裸裸顯示專制中國違背普世人權的暴虐行徑。歐美民主國家給予嚴重譴責，理所當然。令人錯愕、深感不可思議的是：台灣馬英九政府從頭到尾不聞不問，視若無睹，沒有嚴厲抗議、譴責北京的蠻橫霸道、違反人道、人權的作法。

　　除了軟弱無能外，更嚴重的是，馬英九的中國情結作祟。他在台灣施政一無是處，焦頭爛額，民調從上位時的7成掉到2成，崩盤了。他把政治生命完全寄託在專制中國的善意、(國共)合作、(經濟)救援上。他對中國的卑躬屈膝、妥協退讓，已到不顧台灣國家主權的地步。

　　他敢向中國嗆聲？敢為一個被中國專制政權以莫須有

的「台灣間諜」之罪處死的伍維漢伸張正義、仗義執言？
當然不敢。伍維漢不是台灣間諜，卻被處死，當然不公不
義。馬英九不敢為因台灣而死的伍維漢發聲，抗議中國暴
行，更是不公不義。

　台灣人民不要對專制中國寄予希望，也不要對一廂情
願、與虎謀皮、盲目向中國傾斜、出賣台灣主權的馬英九
寄予希望。

(2008.12.01)

　　後記：如果伍維漢是真的台灣間諜，馬英九又不
聞不問，更是冷酷無情，印證了政論家南方朔認為馬
英九無情無義的說法。

# 歷史不會忘記六四和二二八

人老了，眼花了，前途看不清楚，卻越來越回想過去。

中國64大屠殺20年了。這些日子突然驚醒，我已把這段痛苦歷史回憶塵封很久，不願、不敢想它、寫它。

1980年代去中國宣揚民主政治，對中國民主化抱很大希望。64殺很大，令人對中國民主化失望、絕望，不敢再想它，一不想就是20年。

其實，前一些日子，64越來越近，為了寫文章，看了很多資料，注意有關64的報導，情不自禁，掀開了那一段的悲情回憶，想起1980年代在中國民主說教，交上的朋友。

因而，2009年的64對我變得非常不同，非常想念過去，想念老朋友，想念64之前對中國民主化的期待。

破除Karl Wittfogel的「東方專制」(Oriental despotism)論，是我長期的學術努力，也是我有限參與民主運動的目的。

因為馬英九一年來對台灣主權和民主的無情傷害，更心急、心亂，真不知，讓馬英九玩完後，我們賣命一輩子爭到的台灣民主、國家主權還剩下多少。

這些年來，眼看中國的民主化沒有希望，64的朋友流

離失所，分散世界各地，聲音越來越小，動作越來越少，已到消聲匿跡的地步。我曾同意64學生領袖王丹的看法，隨著時間的流失，人們的記憶也隨之消失，會越來越忘記64，中國的民主化更沒希望。

前些日子，聽了前副總統呂秀蓮的講話，她說「不能再把中國當作六四天安門的共產黨」，她要人們「不必只停留在當年共產威權用坦克車對付人民這一個狹隘的人權觀念」。他的話馬上被馬英九抓住，作爲他向中國傾斜的合理化說辭，掀起軒然大波，呂秀蓮被罵得臭頭。

人的記憶是否眞的那麼短？64眞的隨風飄去、隨時飄失，很快就會被忘記？

30年改革開放有成，成爲世界第二大強國，中國眞的已經不一樣？1989年六四的中國跟2009年六四的中國眞的已經不一樣？

這個問題很重要，值得我們冷靜深思、詳細分析：

1989年中國爆發天安門民主運動，鄧小平、李鵬出動坦克及軍隊殘暴鎮壓，死傷人數至今仍不肯公布，根據各方統計，死亡人數從數百到數千，受傷人數則從數千到數萬。

之後，每年64，中國當局都嚴陣以待，包括封鎖天安門廣場，嚴格管制通訊及網站，全面監控民主異議人士，不准有關64的消息傳播。今年(2009)64中國控制更嚴。

20年前在天安門廣場有首傳唱的歌曲：「蒙上眼睛，就以爲看不見；搗上耳朵，就以爲聽不到！」胡錦濤、溫

家寶等領導人真的愚蠢超過，相信人民健忘，不僅信息、連心智都可以關閉，聽不到、看不到，就會忘記。

那他們太低估人性、人道的深厚內涵、歷史記憶的長遠不變。即使人會忘記，但歷史留下的痕跡，尤其像64滅絕人倫的大屠殺，絕對會留下長遠、甚至永遠的歷史記憶。

澳洲原住民數萬年前刻在石壁上的圖畫歷史，今天都還歷歷在目，何況今日高科技數位(digital)留下的聲影記憶，如那位赤手空拳在天安門阻擋坦克車的無名英雄，他的孤影畫面，震撼人心，已永遠留在電腦記憶體，每年都會出現在電視、電腦螢幕，讓人永不忘記。

還有，今年64期間，前中共總書記趙紫陽偷渡出去的回憶綠《國家的囚犯》出版了，令人矚目，轟動全球，立即成為長存人間的歷史見證，對鄧小平、李鵬滿手血腥的暴行有不可磨滅的鐵證控訴。

今年64，除了馬英九寫了一篇變心、變情的文章，膽小如鼠不敢出席紀念活動外，全世界民主國家的領導人，大都有嚴厲批判、悼念這場人間悲劇。更有媒體大篇幅報導，很多人舉辦悼念活動。

最令人刮目相看、心神振奮的是，中國統治下香港人的熱情、堅毅表現。在中國政府嚴密控制下，15萬香港人舉辦了照亮全港的燭光晚會，坐滿6個足球場，是去年人數的3倍，比過去18年都要多，燭光，一片光海，照得比往年更明亮。

　　環看全球，美國政府呼籲中國公開鎮壓導致的死亡與失蹤人數。國務院發言人克勞里(P.J. Crowley)說，美方希望看到中國準備向歷史學習而非試圖掩蓋歷史，「這不符合強權之舉」。

　　美國國會也呼籲中國對這起鎮壓事件展開調查，並釋放所有政治犯。國會眾議院以396票贊成、1票反對的壓倒性票數通過決議，向64受難者致上同情，並要求中國「在UN人權高級專員公署與國際紅十字會的協助下，對天安門廣場鎮壓事件進行充分與公正的調查」。該決議也呼籲中國釋放因參加民運而仍被囚禁的數10名囚犯，及停止騷擾包括《08憲章》連署人在內的異議人士與「天安門母親」。

　　六四20週年前夕，美國國務卿希拉蕊(Hillary Clinton)發表聲明，要求中國當局公開檢討過去一些真相不明的事件，提供死傷、拘禁和失蹤統計，以便從中學習並療傷。

　　希拉蕊在聲明中說，在天安門暴力鎮壓20週年前夕，令人回憶起數百人(應該千人以上)喪失無辜生命的慘劇。幾10萬(應有百萬)抗議者連續幾週在北京和全國走上街頭，最先是紀念改革派領袖胡耀邦，接著是要求基本人權。

　　她說，今天中國在經濟上已獲得重大成就，並逐漸崛起站上全球領導地位。此時應公開檢討過去一些真相不明的事件，以便從中學習並療傷。

　　她說，「我們呼籲中國停止侵擾參與示威的人士，並開始與受害者家屬對話，包括『天安門母親們』。」

　　希拉蕊並說，20週年提供中國當局釋放所有與事件有關的囚犯的機會。爲了紀念這個日子，中國可以將推動法治、保護人權及促進民主發展，提升到與經濟改革一樣的優先位置。

　　同一天，美國眾議院議長裴洛西(Nancy Pelosi)會晤10位中國民運人士，她強調會敦促歐巴馬總統加強關注中國人權。

　　畢生關注全球人權，更曾在北京拉布條抗議的裴洛西，在議長辦公室接見這10位曾參與64學運的中國民運人士，包括王有才、王丹、周封鎖、張伯笠、易丹軒、李恆青等學生領袖，還有被北京當局斥爲天安門事件幕後黑手的王軍濤，以及當時在天安門毛澤東像塗鴉的「天安門三君子」魯德成、余志堅、喻東嶽。

　　裴洛西一再承諾，她會盡全力運用各種影響力，來維護中國人權以及推動中國政體的變化。她也重申，透過氣候變遷與環境保護等具體議題，可以促成中國政府朝向民主化與自由化。

　　裴洛西2009年5月底訪問北京，與胡錦濤晤談時提出一封信函，希望北京當局釋放仍遭監禁的10位良心犯。這10位人士包括劉曉波、王炳章、胡佳、師濤、陳光誠、高智晟、嚴正學、張勇亮以及一名藏族僧人及一名藏族比丘尼。

　　澳洲總理陸克文(Kevin Rudd)也在國會呼籲中國誠實面對64，平反受害者，公布死亡、受傷人數。

　　德國也早一步由聯邦政府人權特使諾克(Günter Nooke)發表聲明，呼籲中國領導人釋放仍在監獄的64囚犯。德國朝野政黨也紛紛發表聲明，呼籲北京領導人重新評價天安門事件。

　　其他國家也持續舉行紀念64的活動，包括約40位瑞士國會議員響應國際特赦組織，連署呼籲中國政府釋放政治犯，及展開對64事件的獨立調查。

　　西藏精神領袖達賴喇嘛則於4日在荷蘭就64發表公開演說表示，64民運學生並非反對共產或社會主義，而是捍衛中國憲法賦與人民的權利，北京政府應平反64。

　　「無疆界記者組織」3日在巴黎舉辦守夜晚會；國際特赦組織則在以色列舉辦網路連署請願活動，用一朵玫瑰代表一份連署簽名，敦促中國政府對64鎮壓事件展開調查，並將玫瑰花呈交中國大使館。包括烏克蘭與日本等國的團體，也舉辦類似活動。

　　美國的CBS、NBC、ABC、CNN、澳洲的ABC、日本的NHK等電台、《華爾街日報》、《紐約時報》、《華盛頓郵報》、日本的《產經》、《讀賣》、《朝日》等新聞、澳洲的《澳洲人」》報，及世界很多其他媒體，都有專題報導、發表社論悼念天安門受難者，呼籲中國平反64事件，推動民主改革。

　　《華爾街日報》評論指出，近年來中國人要求民主改革最大膽的行動，是在去年12月由異議人士及學者提出的《08憲章》(Charter 08)，其中提到自由選舉、讓西藏及台灣

能夠自主的聯邦制。這份憲章有數千人連署。有兩位起草的學者被逮捕，其中一人至今仍被拘留。

評論還指出，台灣成功的民主發展，可正面影響中國的民主化。

1989年六四屠殺爆發後，當時擔任行政院研考會主委的馬英九立即發表聲明譴責中國暴行，並捐出1萬美元支援民運學生。其後，到2008馬年年參加64紀念活動，都以強烈措詞抨擊中國當局。

2008年總統參選人馬英九譴責，中共政權以武力血腥鎮壓學生民主運動，並說「中國大陸的改革開放，一直限縮在民生議題上，在民主改革的步伐上卻停滯不前，對於異己、新聞自由或其他自由人權的壓抑未絲毫放鬆」。

2009年馬英九當台灣總統，為了他的「終極統一」，他換了位子也換了腦袋，竟黑白講說，「六四之後20年，大陸經改成功，人民生活大幅改善，最近10年，大陸當局比過去更為注意人權議題，儘管國際褒貶不一，但這些作為顯示，大陸當局已願意直接面對這個議題，展現與過去完全不同的開放與自信。」

中國真的從善如流、改革改善，並「展現與過去完全不同的開放與自信」嗎？我們還是實事求是，讓公正的媒體報導回答這個的問題吧！

六四20週年之際，中國政府對外國媒體採訪活動採取新的限制措施，並阻止一些記者到天安門一帶採訪。北京外國記者協會批評這些措施與外國記者在大陸自由採訪規

定背道而馳。

「美國之音」中文網引述外國記者協會的聲明說，北京公安阻止至少4家電視台攝影組進入天安門廣場，並騷擾1名採訪64事件遇難者母親的記者。

協會主席華中(Jonathan Watts)說，北京當局的限制措施與去年10月頒布的「在華記者可自由採訪」的新規定背道而馳。

義大利高波電視台(Sky TG24)，就是這4家在天安門廣場受阻的電視台之一。電視台駐北京記者加布里埃萊(Paolo Gabriele)說，他與攝影一到天安門廣場，警察就上前阻止，並稱外國記者到天安門採訪需辦理新的申請。

64前夕，港澳兩個特別行政區都出現民運人士入境被拒的場景。昔日學生領袖吾爾開希3日向中國「投案」後，從台灣飛抵澳門，但遭澳門移民當局根據「內部保安安全綱要法」拒絕入境，並決定予以遣返。港府則是在2日晚間以「入境原因」為由，拒絕讓前64學運領袖項小吉入境，但並未解釋何謂「入境原因」。

相對於海外民運人士動作頻頻，中國當局則持續提升內部監控措施，緊盯異議人士，並加強箝制媒體，擴大封鎖網站，報導相關事件的外國電視節目都遭斷訊。BBC與CNN在中國播出的相關報導被硬生生切斷，畫面都是漆黑一片。

北京天安門廣場更是戒備森嚴，廣場上佈滿公安人員和武警，氣氛肅殺。一名販售紀念品的小販，在便衣警

察要求她不可與外國人交談之前說：「3日生意很差。你以為廣場上這些人是遊客，其實他們都是偽裝的便衣公安。」

此外，中國當局也對異議人士限制住居，或強迫他們離開北京。兒子在事件中喪生、一直呼籲調查64真相的「天安門母親」發起人丁子霖向駐北京外國記者表示，10多名公安3日上午將她及丈夫圍困在北京寓所中。她透露，「天安門母親」的其他成員也遭受相同待遇。中共前總書記趙紫陽的助手鮑彤被警方從北京帶往中國東南部一處不明地點。

上述王軍濤會面裴洛西時也指出，各界多重視被關的學運領袖或知識份子，但還有其他老百姓被抓，目前因為89民運被關的政治犯，有名有姓的起碼還有8個北京市民，被判無期徒刑還在獄中。

裴洛西當場答應，並吩咐幕僚記下這8名政治犯的姓名，她承諾一定會敦促北京釋放這些人。

針對美國國務卿希拉蕊發表的64談話，中國外交部發言人秦剛強烈不滿，指稱「美國這是粗暴干涉中國內政。我們對此表示強烈不滿和堅決反對。我們敦促美方摒棄政治偏見，糾正錯誤做法，以免給中美關係造成干擾和損害。」

秦剛接著說，「在天安門地區採訪需要外國記者履行必要的審批程序，所以，我也希望你能夠瞭解這樣的程序，向有關的部門提出申請，經過批准之後方可在天安門

地區進行採訪和拍攝。」

秦剛是用「政治風波」的制式說法來表述64事件。

中國有關部門為防範有人紀念64事件20周年，嚴禁大陸媒體報導相關訊息，有關海外報導64新聞，也禁止大陸新聞網站轉貼、轉載。海內外各家重要華文搜尋網站，有關「64事件」或「89民運」等敏感關鍵詞，都被列為查禁範圍，無法進行搜尋。

《華爾街日報》報導，中國計畫自2009年7月1日起，要求所有在該國販售的個人電腦(PC)，加裝一套軟體，以封鎖某些網站。中國政府已將這個消息通知全球PC製造商。美國政府認為，此舉可能大幅擴大中國政府對網路的控制。

如是四面楚歌、膽戰心驚、看了「六四」影子就怕的PRC，是一個「展現與過去完全不同的開放與自信」的大國嗎？馬英九不要黑白講，睜眼說瞎話。

最近美國、英國戰略學者發表研究論文，認為中國的經濟和政治，不僅沒有自由現代化，反而更權力集中，國家資本主義更擴大，中國更像二次大戰前軍國主義的德國和日本。

鄧小平1979年開始改革開放，30年了，它的經濟成長了4倍，中產階級已有近2億人口。根據西方民主發展理論，中國應該符合「經濟發展導致政治發展」的民主發展模式。

現實並非如此。理由當然很多，但中國共產黨一黨專

制的嚴厲統治，絕對是主要理由。1989年天安門後，20年中共黨員由2千萬增加到4千5百萬人，大肆增強了共產黨專制統治的控制力道。

1990年代開始，共產黨對中國的經濟不僅沒有鬆手(市場自由化)，反而資本更集中，控制更嚴緊。2009年共黨控制的國營企業取得的國家資本(中國沒有私人銀行)，占全國資本額的4分之3，與1989年剛好相反，當年非國營企業取得的資本占全國資本額的4分之3。2009年私人企業取不到黨國控制的資本，也無法進入利潤較高的市場，好的市場都被國營企業霸佔。

上海股票市場(Shanghai Stock Exchange)的1400家上市公司，大約只有50家是私有的。中國1000個最有錢的人，只有不到100個不是中國共產黨黨員。

中國有10億人口沒有享受到中國GDP高速成長的成果。不僅如此，其實在過去10年中，有4億中國人的淨收入不增反減。2000年以來，中國的絕對貧戶(absolute poverty)增加了一倍。

根據中國社會科學院的研究報告，中國共產黨的制度腐敗(systemic corruption)越來越嚴重。共產黨官員貪污的錢每年約占GDP的2%，還在不停增加中。2003年一年中就有4千萬戶的民間土地被貪官污吏非法侵佔。

根據中國官方數據，2005年一年中就有8萬7千個群眾暴亂事件，1990年代每年只有數千類似事件。北京政府數年前設立人民反貪投訴機構，到2009年有1萬多件訴願

案，卻只有3件被接受處理。

人會善忘，但歷史長遠存在，很難被忘記。第一次大戰後，德國和日本專制政治復辟，實施國家資本主義，經濟快速崛起，卻也軍國主義高漲，終於導致霸權主義侵略戰爭、滅絕人倫的二次大戰。今日專制中國崛起，很像1930年代的德國和日本，國家資本主義發展模式、獨裁統治、軍國主義都一模一樣。世人、尤其是台灣人，如歷史短視，連半個多世紀前才發生的人類悲劇都忘了，歷史重演不僅可能，一定必然。

2009年全球紀念六四20週年的活動，香港的15萬群眾聚會固然受人矚目，但令人印象深刻的一幕場景，卻也出現在澳洲。

64前夕，反對中國鋁業(Chinalco)入股澳洲礦業力拓集團(Rio Tinto)的澳洲人士Ian Melrose，花了數10萬澳幣(約1千多萬台幣)製作電視廣告，凸顯天安門屠殺事件(赤手空拳在天安門阻擋坦克車的無名英雄的孤影畫面)，提醒澳洲陸克文政府不要把國家重要資源賣給專制中國。

該廣告指責，會說華語的陸克文，如向中國軍事政權輸誠，允許中國掌控對澳洲具有戰略意義的礦業資源，「這是大錯特錯。」他指出，「向諸如中國鋁業等中國國營企業出售重要資產，可能帶來一場災難，稍有不慎，不只是一家公司受到牽連，還會危及整個國家。」

兩天後，力拓集團宣布取消中國鋁業入股投資案。

那一週，每天看到該項廣告，都深受感動，很多朋友

看到，也都有同感。我們本想捐錢給Melrose，但後來發現他是億萬富翁，不需要我們的小錢支助。

比台灣的馬英九和澳洲的Melrose，作為台灣人，我們真的羞愧得無地自容。

美麗島軍事審判被判重刑的呂秀蓮和陳菊，要去中國訪問，被綠營人士罵得臭頭。我不反對獨派人士訪問中國，台灣和中國是不能不來往的，不要怕和中國來往。問題是我們去中國要做什麼？

記得1980年代，我去中國講學10多次，每次去我都大聲疾呼，宣揚自由民主，並一再強調，中國不民主化，台灣就不要和中國談統一，要走獨立的民主路。

馬英九的64發言，把中國的64和台灣的228放在一起，用意可疑，但他們的歷史意義一樣。德國納粹黨屠殺猶太人，和中國共產黨屠殺北京學生、中國國民黨屠殺台灣人民一樣，歷史會記住，人類不會忘記。

今年64前，我和老婆終於再去看了昆斯蘭大學Great Court(大庭)中央草地上的一塊小小的紀念碑。那是20年前64後，我和支持天安門學生的昆大教授向校方要求立的碑。碑文是：「In memory of those who died in Tienanmen Square in June 1989.」

64後，我再去看，發現碑旁擺了不少蠟燭。20年了，64晚，還是有很多人去悼念天安門的亡魂。我決定，今後每年64晚，會和老婆去點支小蠟燭。

(2009.06.13)

後記：2012.07.30，美國國務院公布全球宗教自由報告，中國的宗教自由去年不但明顯惡化，而且與阿富汗、北韓、伊朗、古巴、越南等14國，並列爲國務卿希拉蕊的「特別關切名單」。

報告指出，在西藏和其他藏人居住區，對宗教控制愈來愈嚴，導致至少12(其實已有40多)起自焚事件。中國的控制在政治敏感的重大節慶和紀念日時尤其嚴密。

報告說，中國只允許正式登記的5大愛國宗教社團合法活動，效忠梵蒂岡的天主教會和地下基督教會都被禁止，而且家庭教會仍遭到迫害。西藏的佛教徒也不被准許敬拜精神領袖達賴喇嘛。中國繼續嚴厲壓迫居住在新疆自治區的維吾爾人。

# 人權騙徒馬英九

馬英九如果有民主政治智慧、勇氣，應該大聲呼應前捷克總統、與諾貝爾和平獎擦肩而過的哈維爾(Vaclav Havel)的公開信(The New York Times, Sept 20, 2010)，支持劉曉波獲得今年的諾貝爾和平獎。

2010年9月20日，捷克1977年《77憲章》的3位起草人哈維爾、人權鬥士Dana Nemcova和布拉格主教Vaclav Maly合撰的文章在《紐約時報》刊出後，馬上引發全球各界響應。

哈維爾表示，劉曉波應該獲得2010年的諾貝爾和平獎，理由是：劉曉波起草的《08憲章》同美國民權運動領袖Martin Luther King、波蘭前總統Lech Walesa以及緬甸民主領袖翁山蘇姬等前諾貝爾和平獎得主的理念一脈相承。設立諾貝爾和平獎的目的，是要獎勵為政治改革以及推動民主作出傑出貢獻的人，劉曉波完全合乎這些條件。

9月22日，中國數百位學者、律師、作家、基督徒、89學運領袖、工人及退休政府官員，包括北京政法大學教師滕彪、浙江自由作家溫克堅等，立即行動，在中國政府嚴密管制下，不能經過internet而是經由Twitter，串連簽署公開信，呼籲諾貝爾和平獎委員會頒發和平獎給一生為中

國民主改革、《08憲章》發起人、中國的「良心犯」、因而正身繫黑牢的劉曉波。(The New York Times, Sept 25, 2010)

公開信說，劉曉波參與起草和發表《08憲章》，呼籲中國政府尊重人權、實行憲政與自由民主，卻被中國重判11年監禁，引起國際社會的震驚和抗議。

另外，國際特赦組織、獨立中文筆會、國際筆會等團體，9月25日也在日本東京新宿區早稻田奉仕園，舉辦聲援劉曉波的活動，現場約有50多位中日人士出席。這是中文筆會首次在日本舉辦爭取釋放劉曉波的活動。

2009年底，劉曉波被以「煽動顛覆國家政權罪」判處重刑，受到國際社會的普遍關注，美國《時代》周刊將他列爲該年度「百位全球最具影響力人物」的候選人。

2010年1月，哈維爾和40名國會議員提名劉曉波角逐諾貝爾和平獎。兩名諾貝爾和平獎前得主達賴喇嘛和南非屠圖(Desmond Tutu)大主教、世貿組織前總幹事Mike Moor等8人也發表文章，呼籲推動提名劉曉波得諾貝爾和平獎。

之後，國際筆會美國分會主席、普林斯頓大學教授Kwame Anthony Appiah發表聲明，透露他已提名中國異見人士劉曉波爭取2010年諾貝爾和平獎。劉曉波妻子劉霞說，這反映外界對他丈夫的支持，而劉曉波也獲知此事並感到高興。

《美聯社》引述Appiah的聲明指出，提名是爲了表彰劉曉波在「人權、政治權利及言論自由領域，具有傑出及堅持原則的領導能力」。

　　國際筆會美國分會並正式將劉曉波的提名函寄給挪威諾貝爾委員會。聯署支持者包括英國作家Salman Rushdie、美國作家Philip Milton Roth、美籍華裔作家哈金等20位著名的筆會會員。

　　2009年諾貝爾文學獎得主、德國女作家 Herta Müeller 也致函諾貝爾基金會表示，劉曉波起草《08憲章》是提倡民主、捍衛自由的勇敢表現，呼籲頒給他和平獎。

　　Herta Mueller表示，劉曉波起草的《08憲章》，與捷克前總統哈維爾等人在1977年提出的《77憲章》一樣，都是倡導民主社會。劉曉波無視政府的恐嚇和自身性命危險，為自由而奮鬥，夠資格獲得諾貝爾和平獎。

　　2010年2月1日，美國國會眾議院共和黨政策委員會主席Thaddeus McCotter、外交事務委員會的 Chris Smith、Bob Inglis、 Gus Bilirakis、其他國會議員Lincoln Diaz-Balart、 Joseph Pitts及華裔民主黨眾議員吳振偉(David Wu)等，寫信給諾貝爾獎委員會主席，提名3位著名中國人權活動人士劉曉波、陳光誠、高志晟為諾貝爾和平獎的候選人。

　　劉曉波是中國作家、原北京師範大學中文系講師及前任獨立中文筆會主席。他的簡歷如下：

　　1988-89年赴挪威奧斯陸大學、美國夏威夷大學和哥倫比亞大學講學。64天安門，他回國支持民運，是天安門4君子之一，幫助學生安全撤退。

　　1989-91年因參與89民運，犯下「反革命宣傳煽動

罪」而被捕。1995-96年被監禁在北京郊區。獲釋後，繼續從事民運及自由寫作。1996年因「擾亂社會秩序」被處勞動教養3年。1999年獲釋，之後一直在北京從事自由寫作。

2003年當選爲獨立中文作家筆會第2屆會長。2005年再次當選爲獨立中文筆會第3屆會長。

2008年發起並起草《08憲章》，該憲章於同年12月10日世界人權日發表。

2008年12月8日，因「涉嫌煽動顚覆國家政權罪」被刑事拘留，12月9日被監視住居。

2009年12月25日，北京第一中級人民法院以「煽動顚覆國家政權」罪判處劉曉波有期徒刑11年，剝奪政治權利2年。

對哈維爾等人的公開信，中國外交部發言人馬朝旭馬上反彈，指「頒給劉曉波這樣的獎項，將是一個錯誤」。

挪威諾貝爾研究所所長Geir Lundestad，9月27日披露，中國副外長傅瑩警告他，如果將諾貝爾和平獎頒給中國異議人士劉曉波，北京與奧斯陸之間的關係將會受到影響。

Geir Lundestad主持5人的和平獎委員會，他說，傅瑩2009年夏訪問奧斯陸時，當面向他傳達上述訊息，表示類似決定將破壞挪威和中國關係，會被視爲不友善的動作。

Geir Lundestad說，中國以前也曾做出類似警告，不過，委員會毫不動搖。(The Wall Street Journal, Sept 28, 2010)

　　我為什麼呼籲，馬英九如果有民主政治智慧、勇氣，應該支持劉曉波獲得2010年的諾貝爾和平獎。我的主要理由如下：

　　無疑地，用自由民主人權的普世價值來評定，劉曉波絕對有資格獲得今年的諾貝爾和平獎。而且，以目前世界情勢來看，劉曉波2010年獲得諾貝爾和平獎的機會非常大。馬英九如有政治智慧，能宏觀看世局、看中國，抓住這個難得的歷史契機，呼應哈維爾等世界傑出民主人士的呼籲支持劉曉波，一定會被世人稱讚，留名青史。

　　馬英九是台灣民主選舉出來的總統。他得到美國哈佛大學法學博士，應對自由民主人權有相當的認識、認同。他也曾一再宣稱，台灣成功的民主化是台灣奇蹟，難能可貴，被世人讚賞，保衛台灣民主是他的政治理念、信仰。他也一直堅持「台灣前途應由2300萬台灣人民決定」。

　　他曾多年(1989-2008)公開大聲支持中國民運，每當64，都會發表文情並茂、甚至聲淚俱下的言論，紀念64天安門事件。

　　馬英九目前的中國政策是維持現狀，「不統、不獨、不武」。他相信「終極統一」，認為台灣和中國最終應該統一。不過，他也一再強調，他要的是民主統一，要中國政治改革成為民主國家後台灣才能和中國統一。他以台灣成功的民主化為榮，認為民主台灣是中國人嚮往的民主燈塔。

　　如果他是真的如是相信，他就應該支持劉曉波獲得諾

貝爾和平獎。因為，支持劉曉波就是支持中國的民主改革，就是要讓中國人民、政經社會菁英警覺到世界民主發展趨勢，感覺到人類現代文明的壓力，而有所覺醒，改弦易轍，放棄專制獨裁，走上民主化的康莊大道。

如此，馬英九的「不統、不獨、不武」政策也才會有效運作、發揮效果。他的和平、民主的「終極統一」才有可能實現的一天，台灣人民也才會考慮民主台灣與民主中國和平統一的可能。(當然，這還是要經過2300萬台灣人公投決定。)

而且，支持劉曉波，是馬英九對權勢中國善意諫言，可以代價最低、卻會有一定刺激效果，並展示台灣的柔性國力。

2010年10月8日，諾貝爾委員會將宣布和平獎得主。馬英九如登高一呼支持劉曉波，一定會有臨門一腳的效力。

不過，上面的理想情節，只是我在做白日夢。怎麼看，2008年當上台灣總統的馬英九，換了位子就換了腦袋，被大中華民族主義搞得昏頭轉向，對專制中國大肆傾斜，低聲下氣、百般依從，他過去滿口的民主信念、理想，只是自欺欺人、空洞無力的黑白講。

馬英九已被台灣人看透、看扁，他絕對不會發聲支持劉曉波爭取2010年的諾貝爾和平獎。馬英九說他是中國人、不是台灣(國)人，那是中國人的悲哀。他被善良的台灣人民選為台灣總統，那是台灣人的悲哀。

(2010.09.29)

　　**後記**：3年來，中國的人權記錄更壞。根據自由之家，馬英九的台灣，在言論自由、司法公平上也人權後退。2012年，面對阿拉伯之春和中共權力交替，中國人權更受嚴峻迫害。但世界民主國家沒忘記64，譴責之聲此起彼伏，音響越來越大。香港維多利亞公園，64晚湧進18萬香港人，燭光成海，令全世界都看到。可惜，馬英九譴責64天安門大屠殺的聲音卻越來越小，已到消聲匿跡的荒謬程度。

## 第四輯 論馬篇

　　2006-2012年的台灣故事，主角當然是馬英九。2006年我對馬英九還抱希望，總認為他吃台灣米長大，自稱「新台灣人」，他在美國哈佛大學唸法學博士，自稱是民主人。

　　2008年他選上總統，我仍對他抱有幾絲希望。但520一上台，他馬上原形畢露，他是中國人、不是台灣人，他是中華民族主義者、不是現代民主主義者。他的反台灣、反民主心態，浮現。我對他絕望。

　　2008-2012四年中，他把台灣帶入「一中」經濟和「一中」主權的陷阱、越陷越深，他讓台灣的民主倒退嚕。

　　2012年大選，我認為台灣人應已覺醒，會棄馬保台，票投給小英。結果沒有，我大失所望，對台灣未來非常悲觀。

　　馬英九在追「歷史定位」，他的定位在中國，不在台灣，將是台灣的悲劇。

# 比妓女還虛假的領導人

台灣的政治領導人比妓女都不如。

氣憤地罵了這句大男人主義的話後，我需要馬上先向妓女同胞道歉，妓女當然和總統一樣有人性、人道尊嚴，我們應該一樣尊重。

我這樣比擬的重點是，妓女很老實，一定不會騙人說她是處女，說她有最高的貞操標準。只有政治人物，才會滿口清廉、誠信、高道德標準，但是一天到晚騙人，滿口黑白講，還貪贓枉法、壞事做盡。

妓女賣身，對自己負責，就對。政治領導人手掌「權威性分配價值」(authoritative allocation of values)的公權力，領導國家和人民，制訂攸關國家安危、人民幸福的公共政策，其地位崇高，德高望重、為人表率，「與其領域同來」(come with the territory)，應自我期許，當然更是人民的期待。

所以，台灣政治人物烏鴉一片黑，都撒謊成性，一天到晚昧著良心說謊，騙人民，騙得一點也不臉紅，還常得意洋洋，自以為是，騙人騙多了，連自己都相信自己的謊話。

這些政治人物的謊言，禍國殃民，傷害台灣民主文化、人心世道之深、之遠，豈能只以百年、百世計。

以人比人，不管仁義道德哪一點來看，他們比得上苦命的妓女嗎？我認為他們比不上。2006年底，我們就看看台灣第二號政治領導人馬英九的發言好了。

這次北高市長選舉，選前有馬(英九)宋(楚瑜)會，搞見不得人的密室政治。宋楚瑜選舉大敗，選後要連(戰)宋王(金平)馬會，落實馬宋密會談妥的國親政黨聯盟。由連戰出面邀請的「湯包」午宴，不演先轟動，但權謀用盡、機關算盡的泛藍4位「奇怪床伴」(strange bedfellows)，睡在一起，同床異夢。

結果，馬主席硬是不賣帳，就是不給連榮譽主席面子，湯包不吃就是不吃，氣走老宋，差一點氣死連爺爺，連無辜的王院長也感到沒趣。

這個令人啼笑皆非的黑色喜劇，在國人面前公然演出，像沒穿衣服的國王，大家都赤裸裸，被人看得清清楚楚，只有他們還要掩掩遮遮，騙己、騙人。

連統派報紙都把故事情節報得巨細靡遺。奇怪的是，馬英九在媒體面前還是板著臉，面不改色地說，他不克出席湯包會，是因為他行程已定，要去醫院探望生病的母親。

這是一句「奇怪耶！你」的話，沒人相信的政治謊言。

他有孝心，去看生病的母親，當然是好事。問題是，他絕對可以早兩個小時或慢兩個小時去看母親，非要在談國親聯盟的關鍵時刻去看母親，以此虛假的藉口讓連宋王

馬會破局，泛藍大老3公灰頭土臉、跳腳，3歲小孩都聽不進去，都知道是騙3歲小孩都騙不過去的黑白講。

　　馬英九向來以清廉、誠實爲名、爲傲，一再強調廉潔和誠信是他最重視、最驕傲的政治價值和形象(講到這裡他都要流淚)。但是，在這麼直截了當的公共事務上，他本來可以老實說，他是國民黨主席，連戰在湯包宴前3小時才打電話邀請他，實在太不尊敬他了，情何以堪，他當然不能這麼輕易接受邀請赴會。

　　這是事實，他可以坦白誠實告訴國人。

　　這樣說，他可以說得理直氣壯。他要是真的堅持誠信、說真話的政治領導人，更可以老實說，連宋是過氣的政治人物，王金平是他的手下敗將，他要爭2008大位，豈能還讓他們3老指手劃腳、說三道四，騎在他的頭上，大老干政，讓他無法大展身手，以自己的理念建造他的新人新政鴻圖大業。

　　這也是眾人皆知的事實，他可以誠實面對，坦白告訴國人。如果這樣，一定獲得大家的肯定、尊敬。但是，他就是不如妓女，想的是一套，做的是一套，說的又是一套。

　　馬英九比妓女都不老實，2008年還想選台灣總統，台灣人實在要睜開眼睛，看清楚他的真面目，不要輕易投他的票。

(2006.12.23)

# 心中沒有台灣

2007年1月2日，同一天在同一統派報紙，看到兩則初看讓人傻眼、再看讓人氣結的新聞。1. 是呼應馬英九的「馬修路線：藍綠和解優於國共合作」，支持馬英九改弦易轍，不再與民進黨敵我對立，打得你死我活，要與它扮演正常的民主政黨角色。2. 是，台大教授黃光國說出他父親是中國末代皇帝的御醫及他反台獨、反戰爭的心路歷程。兩則新聞乍看平凡無奇，似有一定道理；但細看荒謬絕倫、莫名其妙。

國民黨主席馬英九在黨中常會宣示：「國民黨與民進黨差距再大，也大不過我們與共產黨的差距！藍綠同在一條船上，2300萬人民都是命運共同體，沒有必要拚得你死我活，應該相互尊重。」他承諾，國民黨如重返執政，將視在野黨為競爭的對手，也是合作的夥伴。

馬英九這番話指出，2007年國民黨的政治主軸是：「終結無止盡的藍綠對抗！」國民黨將朝野和解的順位優先於國共合作。再加上包括軍購案終於付委、監察院同意權也露出曙光，檢察總長人事案本會期內也會通過，馬英九已經下令，要和民進黨做「良性的競爭」，有利民生的議案絕對不擋。

國民黨本來就應該是台灣的忠實的在野黨(loyal opposition)。馬英九講這些話理所當然，本來講都不需要講，他講了就是此地無銀三百兩。問題是，他當了1年黨主席才如是覺醒，公開宣佈黨要修正政策，藍綠和解優於國共合作，而有「馬修」主義之論述，彰顯了他心中本有鬼、用心也可議之處。

2000年以來，在連戰和馬英九的領導下，中國國民黨一直在做、但一直沒有公開承認的政治立場，是視阿扁和民進黨為主要、甚至「敵我矛盾」(老毛的矛盾論)的敵人，而視把國民黨在中國打得兵敗如山、丟掉大片中原江山、跑來台灣苟延殘喘的中國共產黨為「人民之間矛盾」的次要敵人，不僅要「聯(中)共反民(進黨)」，還要「聯中(國)反台(獨)」。說明了就是聯手反台灣。

馬英九跟著連戰「聯共反民」和「聯中反台」反瘋了5年，見扁必反，為反對而反對，完全失去民主理性問政態度，還帶泛藍、與泛紅群眾走上街頭，瘋狂抗爭，製造動亂，非把台灣分裂、分屍，置於死命不可。他們領導泛藍立委在國會推動全面反對、杯葛的阻礙主義(obstructionist)焦土政策。加上統派媒體到處搧風點火、興風作浪，唯恐天下不亂。台灣沒被搞死，真的天佑台灣。

如今，馬英九台北市長下台，專任國民黨主席，全力衝刺爭取2008年總統大位。識時務者為俊傑，馬英九一變，騙起台灣人來氣不喘、面不改色，政策急轉彎，說出「藍綠和解優於國共合作」的鳥話，要騙取2008年台灣人

的選票。台灣人能相信他？讓他吃夠夠嗎？

發起「民主行動聯盟」投入倒扁行列不遺餘力的台大心理系教授黃光國，首度在媒體披露父親的故事，說他的父親能成為中國末代皇帝的御醫，反過來凸顯的是，在那個時代，日本人覺得你(台灣人)不是日本人，中國人覺得你不是中國人，「我們是什麼？自己也搞不清楚」，台灣的命運就像亞細亞的孤兒、隨風飄揚的菅芒花。

作為台灣人，他說如是感慨萬千的話，本應感動台灣人；但他馬上強力表示他反對台灣獨立。他說，「很多搞台獨的人沒有經歷過戰爭，不知道一場戰爭會禍延幾代人，很慘的！」他會從一個大稻埕兩代醫師家庭的獨子，落到要靠獎學金才能出國讀書，感觸太深，「還有更多因為戰爭搞得家破人亡的人，我們都沒看到。」

黃光國強調，和平的價值超越一切，和平應該是一切事情的前提。他過去所寫的著作，很重要的一個主軸就是要甩掉帝國主義，反殖民主義，從「日帝」到「美帝」都一樣。民粹亡國更是他從李登輝擔任總統時，就注意到的問題。

黃光國沒有見過父親，是他一生最大遺憾。1945年8月，日本戰敗前，溥儀在日本人安排下，從長春帶了包括他父親黃子正在內，一部小飛機的家屬、隨從，說要飛去東京，卻被蘇聯軍隊擄獲，送往伯力城。5年後，溥儀等人被送回中國關在撫順戰犯管理所。黃子正1957年才被放出來，比溥儀被特赦早了2年。

黃子正被蘇聯關起來時，妻子黃洪瓊音懷著黃光國，再過3個月就要臨盆，大女兒8歲，小女兒4歲。當他被蘇聯放出來，回到中國時，發現妻子已於1947年帶著3個小孩逃回台灣。而當時兩岸情勢緊張，黃子正根本沒辦法與台灣的家人連絡，遑論是落葉歸根；1959年客死異鄉，在遼寧結束大起大落的一生。

以此歷史背景來看，黃光國沒有理由愛中國、不愛台灣。他的父親被蘇共和中共政權關了12年，死於專制中國。以前我和他接觸，認為他是自由民主主義學者，應該不會認同共黨專制統治的中國。

他主張和平主義，雖是虛無飄渺的理想主義，但還值得我們諒解。

但是，他說了半天，反帝國主義，反殖民主義，從反「日帝」到反「美帝」，就是沒有說一句反帝國中國的話。

他根本盲目，只看到昨日的帝國美國和日本，沒看到今日的帝國中國。他也心智盲目，沒看到今日美國和日本是自由民主，中國卻是專制獨裁國家。

他反李登輝前總統的台灣主權獨立，說他老人家在搞民粹亡國。這簡直黑白不分、是非顛倒。他反對台灣軍購，卻不反對窮兵黷武、飛彈對準台灣、要武力犯台的中國威脅。他的盲目、盲心、盲智，令人看得實在錯愕。

除非像他一樣盲心、盲目，大部分的台灣人一定不會認同他親中反台的看法，一定誓死反對中國武力威脅、反

對「一中」統一。

　　馬英九如果眞誠悔悟，不是爲了騙票，而改弦更張，眞的相信「國民黨與民進黨差距再大，也大不過我們與共產黨的差距」，我們應予鼓掌肯定。不過，我是疑心重重，認爲他心不正、情不誠、言不由衷，在耍權謀，騙台灣人。他內心深處還是「一個中國」、「終極統一」。

　　黃光國，和連戰、宋楚瑜、馬英九、吳伯雄等一樣，不是台灣人，而像是連戰口中的「純種中國人」。台灣主權獨立、國家正常化後，第一件事就是把他們送回他們的祖國中國，讓他們能葉落歸根，不要再像「亞細亞的孤兒、隨風飄揚的菅芒花」，活在台灣失落、痛苦、怨嘆。

(2007.01.03)

# 問馬英九為何而戰

2007年2月13日，馬英九因特別費案被起訴，立即宣布競選2008年台灣總統，並誓言以爭取大位證明他的清白。他是否貪污有罪，應由司法決定，我們應以無罪推定看之。但他要爭大位，有關2300萬台灣人的命運前途，屬大是大非之事，我們應嚴肅問他為何而戰、為誰而戰。

大是大非的問題很多，在此，我先請問馬英九，你要選2300萬台灣人的台灣總統，還是13億中國人的中國總統？如是後者，我下面一系列的問題，文不對題，馬前主席可以一笑置之。如是前者，是為台灣和台灣人而選、而戰，我就要12問馬英九：

1問，馬前主席，你的國家認同是什麼？你認同台灣是一主權國家嗎？

我瞭解，你認同「ROC」，只要「連接」台灣；沒關係，我要問的是：那你認不認為「ROC」就是台灣，等於台灣？如不是，你的「ROC」是不是包括PRC統治的全中國？如是，你這個總統怎麼選？能選嗎？選了算蝦米碗糕？

2問，我也瞭解，你反對台獨、主張統一。沒關係，台灣是自由民主國家，大家都可以主張台獨，也可主張統

一。

請問，你反對的台獨是什麼？贊成的統一是什麼？你反對台灣是主權獨立國家嗎？你反對讓台灣人民經過民主程序決定自己的國家命運嗎？你反對經過民主程序制訂新憲法、把國名從「ROC」改為「台灣」嗎？

3問，你主張與中國統一，請問如何統一？民主台灣與專制中國如何統一？你主張的「終極統一」是蝦米碗糕？你贊同的「九二共識」及「一中」又是蝦米碗糕？

4問，記得你曾經反對香港的「一國兩制」，你現在還反對嗎？如是，你要如何與中國談統一？你能與中國一邊一國主權平等地談嗎？你能不出賣台灣國家主權、台灣人民的自由民主與中國談統一嗎？

5問，你最近又拋出「中國須撤飛彈、一中各表、兩岸簽訂和平協議」的議題。雖是你的老生常談，我還是要認真問你，你是不是太天真、太一廂情願了？中國今天從福建和江西把1000枚飛彈撤去四川或寧夏，又有什麼實質意義？明天搬去四川，後天搬回福建，易如反掌，你能相信共產黨一黨專政的北京政權嗎？

6問，中國1992年接受「一中」原則後，從來沒有承認過有「一中各表」；馬英九，你是當年當事人，不是蒙著眼睛說瞎話，騙台灣人民，硬拗有「一中各表」共識，真有嗎？

7問，你要與虎謀皮，與北京政權「兩岸簽訂和平協議」，你是不是擺明了這是中國、台灣海峽兩岸要結束中

國內戰而簽訂和平協議？並不是中國與台灣一邊一國，因中國要武力侵犯台灣而簽訂和平協議？你的和平協議是「一個中國」的國內協議？還是台灣與中國國與國之間的國際協議？

8問，馬英九日前應邀到台中女中演講時指出，「台灣被孤立、邊緣化，光靠林義傑、王建民並無法讓台灣在國際變得閃亮，台灣必須小心維護現今的處境、順應世界潮流，不能成為麻煩製造者。」台灣是麻煩製造者？中國不是？

9問，你要順應的世界潮流為何？你指的世界潮流是不是「中國崛起」？是不是中國威脅？我們要像東南亞、東北亞、甚至一些歐盟國家一樣向中國傾斜、妥協？不要像美國、日本、澳洲、印度等民主國度，視中國崛起、中國的窮兵黷武為威脅，甚至視中國為邪惡國家，必須現實主義地嚴加防備、甚至戰略圍堵？

10問，馬英九，你是不是認為在中國與台灣、專制與民主之爭中，台灣是、中國不是麻煩製造者？台灣要制新憲、正名，是在製造麻煩？台灣要還原歷史真相，定位蔣介石為228元凶、台灣歷史罪人、把他的銅像拆除、中正紀念館改為台灣民主紀念公園，是在製造麻煩？台灣要把中油、中鋼、中船、中華郵政、中華電信等改為台灣的、不是中國或中華的企業體，是在製造麻煩？

11問，台灣要走出去，要生存，要發展外交，申請進入UN，成為WHO的會員國，以台灣之名參加其他國際組

織、國際活動，都是在製造麻煩？日前，在中國的打壓下，WHO一通電話，華府的泛美衛生組織就在最後一刻取消了與台灣醫界聯盟的會面，你認為那是台灣、不是中國在製造麻煩？

12問，中國口口聲聲台灣不接受「一中」原則、「一國兩制、和平統一」，就要武力統一台灣，並窮兵黷武大量發展、購買先進武器，制訂「反分裂國家法」，部署千枚飛彈對準台灣，擺明了就是要武力打台灣，馬英九，你是不是還是認為台灣購買防衛性武器是在製造麻煩？挑釁中國？

台灣買武器就是在製造麻煩，所以，你不讓軍購案在立法院通過？所以，日前中國駐美國大使向美國政府施壓要美國停止軍售台灣，你是贊成的？

這12大哉問，環環相扣，互為因果，衍生的次問題也一大堆。馬英九要選台灣總統，要爭取台灣人的選票，對這些攸關台灣人自由民主、人道人權的命運問題，台灣人有向馬英九問清楚的國民主權權利，馬英九更有爭取民主大位向台灣人民說明白的民主義務。台灣人民應聽清楚、想明白馬英九的答復後，才決定要不要投他一票、選他為台灣總統，這天經地義。

(2007.03.26)

# 沒有氣魄當台灣總統

　　一個國家、尤其是民主國度的領導人，要具備的人格因素當然很多，而且不同國家有不同的政經文化生態環境，領袖素質要求也因而不完全相同，不能一致、一概而論。不過，不管國情如何，作為國家領導人還是有一定人格、人品的共同起碼要求、條件。無此條件，很難領導有方、有力、治國有為、有成。

　　其中，一定的治國理念、願景、政策、智慧和能力，當然要有，也要有相當的價值和信仰(如民主、自由與人權)，更有要有堅持理念和推動政策的決心、勇氣和魄力。

　　尤其在有國家認同分裂的內憂及專制中國威脅的外患處境中的台灣，國家認同理念的堅持和維護國家主權的氣魄(guts)非常重要。在此關鍵性領導人素質要件上，總統候選人馬英九從部長、市長、黨主席到總統候選人，一路走來展現的「不沾鍋」、「謝謝指教」政治性格，更重要的是，國家認同理念的堅持和維護國家主權的勇氣，嚴重缺乏。

　　馬英九是一個沒有台灣國家領袖能力與魄力的政治人物，不該當今日台灣的總統。

　　台灣是民主國家，但國家認同分裂。有人認同中國，

要與中國統一；也有人認同台灣，認為台灣是主權獨立國家，不要與專制中國統一。

馬英九認同中國，終極要與中國統一，這是他的理念信仰價值所在，但是，他在選台灣總統，卻明確表示假如當選，在他任內他不會推動「終極統一」政策，統一並非他選總統的治國目標。

所以，他講的「終極統一」是講假的，他根本沒有要把2300萬台灣人帶去哪裡(中國或台灣)的國家願景。他只要在混淆不清的「不統、不獨、不武」的模糊地帶遊走、偷生，欺騙、甚至出賣台灣人民。

證明馬英九沒有guts，在如此重大國家認同問題上不敢堅持，既沒有魄力推動他的「終極統一」，當然更沒有guts認同台灣，把台灣帶入主權獨立的崇高境界。

他一再強調自己認定的「九二共識」、「一中各表」，要以此與中國簽訂「和平協約」，發展友好關係。他明明知道，人家北京根本否認他的「九二共識」、「一中各表」，他要以此大肆開放西進，與中國統合，根本一廂情願，是不可能的任務。但是，他就是樂此不疲，拼命在打唐吉訶德的風車。他選台灣總統推出的中國政策空無一物，他要終極統一，當然也是玩假的。

為了選票，他說要連接台灣，說「ROC」就是台灣，但又強調，講「台灣」可以，但不能講「台灣國」。他吃台灣米長大，說他是「台灣人」，但他就是不能說他是「台灣國的人」。他的「台灣人」就像我說我是「苗栗

人」一樣，一點也沒有台灣國家認同意義，**騙騙無知的台灣人可以，要以此選台灣總統，未免太虛假、太不「把台灣人當人看待」**。(他曾向原住民說，「我把你們當人看待。」)

為了維護台灣國家主權和利益，民進黨推出討黨產及進入UN的公投案，馬英九也深知民心所向而被迫提出反貪污及返聯公投，100多萬選民快馬加鞭簽署，很快就成案。

台灣辦公投，雖是天經地義的民主政治正常運作，但中國認為公投就是台獨，文攻武嚇大力反對，並向美國、日本等國下壓力，要它們也反對台灣公投，結果壓力四面八方而來。

馬英九大驚失色，怕得方寸大亂，竟在立委大選前夕龜縮。在連戰與吳伯雄兩個一樣沒有guts的過氣政治人物(一個選敗兩次都不認輸、一個選省長選到只剩阿里山都要選結果沒選)主導下，政策大轉彎，決定不玩了，要泛藍選民拒領公投票。

真是奇怪耶！真是大開民主玩笑。連戰得意洋洋，可以再去北京和胡錦濤握手了。吳伯雄大言不慚地說，這是他痛苦的決定，卻說得一點也不痛苦，只令人做噁，感覺好假。連、吳兩個過氣政治人物要玩騙人的把戲，讓他們自爽一番，不值一笑，他們選玉山「山長」都選不上，誰要理他們！(套句前中國外長李肇星罵台灣的話)

問題是選總統的馬英九，竟如是不關心、不知道人家黨中央已經政策大轉彎。他前1天才說會去領公投票(連他的副手蕭萬長都說不領票了)，第2天才和吳伯雄談2個小時就輕易

被說服改變心意，也不領票了。如此重大政策改變，總統候選人竟不知道，沒有參與決策，真是不沾鍋、狀況外，政治白癡、無能得夠離譜、夠荒謬的了。

馬英九的特別費案雖二審被判無罪，但他的律師團權謀運作提告檢察官，引起一片譁然。連他的民間友人也看不下去。

「馬英九民間之友會」成立時，擔任社福團體終身志工的陳淑麗，公開表達反對立場。她說，多年來一直欣賞馬善良、寬容、純樸的本性，認為馬不溫不火，自然散發出堅毅正直，並不軟弱。但她對馬告發檢察官的作法感到失望，不希望馬為了選舉而改變自己，為了選舉扭曲人格。

這位仁姐好心但根本看錯人。馬看起來善良、寬容、純樸，都是權貴子弟被訓練出來的假象，帶的假面具。說他不溫不火，其實就是優柔寡斷，軟弱無能，沒有guts。說他堅毅正直，當然荒誕不經，他既不堅毅也不正直。

馬英九沒有guts，不敢對台灣說「Yes」，不敢對中國說「No」，也不敢向連戰、吳伯雄說「No」，當然更不敢向胡錦濤說「No」。這樣無知無能、優柔寡斷、政治、政策、國家認同混淆不清、信仰不堅定、沒有勇氣、魄力推動國政大策與抗拒內外壓力的馬英九，竟要選內憂外患國難重重的台灣總統，實在是錯誤的人放在錯誤的時間和地點做錯誤的事的錯誤決定。台灣人要是如是無知，投票給他讓他選上，不僅台灣的民主連國家命脈都可

能被斷送，那是現在就可以歷史蓋棺論定、說清楚、講明白的事情。

　　最後補充一句，我說的guts，就是陳唐山說的LP。

(2008.01.09)

# 奇怪耶！馬英九的眼淚

2008年初陪老婆去看李安的《色！戒》，該片在澳洲得到好評。看完後，對李安的藝術修爲，製片的嚴謹、細膩、完美，尤其他對張愛玲人性深層刻劃的了解、掌握，令人感動、欽佩。

不過，我們看後出來，兩人不謀而合、異口同聲說出的一句話，不是驚嘆李安電影的動人心弦，而是「爲什麼馬英九看了《色！戒》會流淚？」我們的立即感覺是，他的流淚眞莫名其妙。

據報導，馬英九也去看《色！戒》，走出劇場，流淚說，他很感動，因爲那些年輕人爲了愛國而犧牲性命。不僅性命，還犧牲自己的青春、感情和貞節。

問題是，馬英九的感動，和我們看過後的感動，有天壤之別。他的感動和流淚，與該片的故事、傳遞的人性、人道主義，幾乎完全無關。馬英九流淚的理由不僅有點荒誕無稽，還有看錯戲、會錯意、流錯淚的荒唐。難怪令人錯愕、難解。

《色！戒》的一群年輕人，是盲目無知、不知天高地厚、被國民黨政權(軍統的殺手)洗腦、戴著愛國主義的帽子殺人殺得手忙腳亂、最後被無謂犧牲的狂熱分子。他們和

二次世界大戰中德國納粹的黃衫軍、日本乳臭未乾的「神風」隊員和開打組織的年輕炸彈殺手一樣,都是被老謀深算的陰謀分子利用來殺人的工具,死得無辜、冤枉,令人痛惜。

《色!戒》絕不是稱讚、宣揚愛國主義的電影。李安(張愛玲)不僅沒有讚揚如是青澀無知年輕人的愛國主義,其實,他把他們描繪得天真、可憐也可笑,對愛國主義有一定的反諷作用。更重要的,他深刻描寫人性情愛、甚至是變態情慾的一面(有佛洛伊德的意味),刻劃得有血有肉,生動,迷人。

李安的結局是情愛勝過愛國,真實的人性主義勝過虛擬的愛國主義。

事後,我想了很久,分析馬英九莫名其妙的傷情流淚,得到的答案:1.是,馬英九流的根本是「鱷魚的淚」,假仙、作秀、騙人。2.是,不然,就是他非常缺乏理性主義,滿腦溫情主義,根本看不懂李安《色!戒》的原意,他是看錯戲、會錯意,表錯情。3.是,還有,非常可能的,是他看到那些戲裡的年輕人,馬上想到他年輕時戴著同樣愛國主義的帽子替黨國在美國打小報告時的情景,同理心、同情心使然,讓他因而情不自禁,感傷落淚。

如是1,則馬英九真會演戲,什麼戲都會演,和演戲的人一樣,要流淚就流淚。如是2,他是笨瓜一個,連戲都看不懂,是一個非常膚淺、沒有智慧的人。如是3,他

年輕到現在都是在盲目的國民黨愛國主義驅使下爲黨國賣命，作錯事、殺錯人都沒關係，能殺「賣國賊」死都瞑目，他不僅沒長大成熟，還容易盲目衝動。

也許他3個人性特質都有，不是我們一般人正常的心情、心態，他的情感反應很奇怪，很不正常。

不管如何，他看過《色！戒》就落淚，令人錯愕外，更令人感覺，他缺乏現代國家領導人應具備的理性智慧、正常、深厚的人格、人性條件，實在不適合當面臨危機重重、內憂外患的台灣總統。

2008年322大選如果他選上，真的，「阿彌陀佛，天佑台灣」！

(2008.01.27)

# 對台灣人民冷漠無情

民進黨主席蔡英文，罵馬英九不知反省，罵得對、罵得好；但還不夠深刻。

馬英九不僅不知、不會反省，還麻木不仁，對台灣、台灣人冷漠無情，根本沒有感覺到台灣人的心情、願望。他說他是台灣人，「死了燒成灰也是台灣人」，問題是，他口是心非，口說台灣人，心懷中國心，沒有台灣心、台灣情。

所以，陳雲林來台，馬英九以國賓招待，出動萬名軍警保護他，用鐵絲網、鎮暴車對待向「共匪」陳雲林嗆聲的台灣人民，用暴力驅除和平示威要求憲政改革的台灣學生。

對60萬台灣人走上街頭要求維護台灣國家主權、反對馬英九向中國急速傾斜、數千學子(野草莓)在台北、高雄各地靜坐20多天要求修正違憲的集會遊行法，馬英九都傲慢對待，視若無睹，理都不理。

馬英九一當上總統，台灣不見了，在自我欺騙的「一中各表」(中國否定「各表」)下接收連戰2005年「聯中(共)反台(獨)」的國共論壇、國共合作議程，大肆推動對專制中國的開放政策。把台灣變成台灣地區，台灣與中國的國與國

關係變成地區與地區關係。

在國內，為了國賓級招待陳雲林，他壓制台灣人民憲法保障的和平示威權利，不讓人民手舉國旗、國旗傘，不堅持人家稱呼他為總統，稱呼他「先生」也算「對等」，真沒有國家元首尊嚴。

在國際上不再強調台灣主權獨立，而把沒人承認的「中華台北」認為是台灣最佳名稱。外交休兵，不再爭取國際認同、更多國家承認台灣、參加UN國等國際組織。下令台灣駐外單位不要刺激中國、支持藏獨、疆獨，都在削弱、甚至出賣台灣國家主權。

連戰出席APEC，正式身分是領袖特使，不是代表國民黨；但是，他與胡錦濤「老友敘會」，竟互稱(前國民黨)「主席」、(中國共產黨)「總書記」。馬英九還以有黨沒國的「台奸」連戰出席APEC為傲、為榮。

都是削弱、出賣台灣主權的行徑，令台灣人民錯愕、氣結，走上街頭。馬英九卻對這些人民的失望、氣憤視若無睹，視他的賣國行徑為當然，是「以台灣為主、對人民有利」。這就是蔣家宮廷出身的黨國菁英，不食台灣人間煙火，沒有同理心，不感覺、不了解台灣人的心情感受。

馬英九就職滿半年接受《自由時報》(2008.11.20)專訪，回答一系列尖銳提問，他回答得荒腔走板，還嘻皮笑臉。

對於外界質疑國共平台主導大陸政策，馬強調，兩岸決策由總統做主，不是國共平台，「大陸政策，我說了才算。」

連戰、吳伯雄等「黨國大老」，誰相信他？台灣人誰相信他？

他被質問：做為一國的總統，竟然必須不斷強調不會「出賣台灣」，會不會覺得很悲哀？你有沒有思考過為何會如此？

他的回答竟是：我多次說過，我的「大陸」政策是在ROC憲法架構下，維持台海的現狀，就是不統不獨不武，以台灣為主、對人民有利，只要有人提到賣台，我就會再提一下。我相信我當多久總統，別人就會講多久，我一點也不意外……。

這種標準不沾鍋的「馬話」，像他常掛在口上的「謝謝指教！」，令人實在聽不下去。

被問：我想你的想像與反對您的人之間有很大的距離，您到現在還不知道他們為什麼反對。在台灣，出現了嚴重的共同凝聚與認同的危機，甚至許多原因是政府的去主權作為所導致的，您有感受到嗎？

他竟不知記者所問為何，要他們舉出具體實例。當記者說，您是馬總統，這是很明確的，一度變成馬「先生」，後來是馬「區長」，現在又成了馬「您」，這是一種感受問題。

他回答：這不是感受，這有點刻意歪曲。但是馬區長，我從來沒說過，是別人加在我頭上，怎麼可以怪我呢？

他既沒有感受，當然更沒有反省，不解問題所在、嚴

重。

對陳雲林訪台期間國旗被搶、被折斷，他的解答是：那是因為在機場的路上，他們在陸橋拿旗子，警察很擔心他們把東西丟下去，因此請他們離開現場，推擠時把旗杆弄斷了。

這簡直是胡說八道。一國總統講這樣避重就輕、扭曲事實的話，實在不像樣、不像話。

被問：在機場航站，根本不是陳雲林的動線，為什麼有人拿旗也要被驅逐？他的回答：我想這不是旗的問題，是因為那裡是管制區。

一樣不知所云、胡說八道。在機場，大概每天都有人拿旗。

被問到圓山飯店發生樓上放標語被警察違法衝進房間的事情，他回答：這違反飯店住戶規則，住戶不可以做這些與他居住目的不合的事，飯店可以請求警方協助的。

法學博士的馬英九竟說出如是沒有法治觀念的話，還大剌剌地推卸責任，荒誕不經到極點。飯店房間放標語違反住戶規定，誰聽過？

被問，怎麼沒有看到陳雲林來時，有任何政府官員提到「一中各表」？

他回答：關於「一中各表」，今年3月26日，布希與胡錦濤通熱線時已經提過，之後就不必一直再說。事實上，3年前連先生到對岸去時，從頭到尾對方都沒提一個中國。

　　當被反駁：連胡公報上一個中國都白紙黑字畫押了，怎麼沒提？他沒回應，卻避重就輕地說：他們這次來沒說一個中國，我們就沒提，若他們說了，我們會說「一中各表」，這叫對等。

　　他說謊。

　　還有，中國英文報《China Daily》報導的布胡熱線談話提到「各表」，其實語焉不詳，模糊不清。《新華社》更否認該話存在。「各表」是馬英九「一中」政策的「國王的衣服」，見不得人，全世界沒人相信，台灣也沒有幾個人相信。為他口口聲聲的「ROC」的主權尊嚴，他不僅應向中國、也應向世界各國一再提起、呼籲，要求承認、尊重才是，哪有藏起來、見不得人、不主動吶喊、追求人家承認的道理？

　　被問：連胡會的場景在APEC這個國際場合再出現，再度彰顯的是國共平台，你覺得這適當嗎？

　　他回答：不是，連董事長這次去不是代表國民黨，他代表中華民國政府，代表我，這怎麼會是國共平台呢？

　　真的，馬英九要騙台灣人也要打打草稿，台灣所有媒體都報導連胡老友會、互稱「主席」、「總書記」的消息，他就是死鴨子嘴硬，硬拗。

　　他說，連戰的正式身分就是領袖特使，他跟國民黨並沒有關係，所以他雖然具有國民黨榮譽主席的身分，「但我從頭到尾都稱呼他連董事長」。

　　他真是把頭埋在沙堆裡，渾然無知、無覺，還胡言亂

語，不知所云。

被問到他在APEC、WHA等事宜上對中國釋出善意已到過度委屈的地步。他一樣渾然不知、不覺。真的不知他是裝傻、白痴，還是麻木不仁。他還回問：到底哪一件事情委屈？我認為到現在為止，我們沒有讓、沒有退、沒有失，為什麼一直要說我們退、讓、失呢？

這位仁兄實在夠寶貝的，他已經退讓到脫褲子了，還不知道。被叫「Chinese Taipei」、「Province of China」，每年參加幾天的WHA大會都要北京同意，還「沒有讓、沒有退、沒有失」？

被問：你是學法的，台灣經過多年口號式的司法改革，是否推動司法改革？最近一連串辦綠不辦藍，藍的都沒問題嗎？

他的回答是：縣長都有被查啊！他簡直在耍賴、裝蒜，真像流氓。

記者提到他老師孔傑榮最近發表評論對台灣司法公正提出質疑，他的回應竟是：孔傑榮教授的文章中，沒有說哪個地方是不公平的，他沒有看到有不公平。

他不是瞎了眼，什麼也沒看到，盲了心，什麼也沒感覺，是什麼？連他老師說的話，都看不懂或故意看不見，真的，孔傑榮給他博士，不僅白給，還給錯了。教出這樣的學生，我會吐血。

被問：你對中國方面很善解人意，一點善意就覺得很肯定，但你在統合國內內部的時候，心胸似乎並不寬

廣？

　　馬的回答：不會啊！

　　一副嘻皮笑臉，皮夠厚的。他的人性麻木，沒有同理心、同情心，遇到他，阿扁夠倒楣、可憐的了。

　　馬英九對台灣人的「民之所欲」、心情心願的不知、不感、不動，像日本日光東照宮的三個猴子的不聞、不問、不聽。不同的是，猴子的勿視、勿問、勿聽，是非禮，馬英九的不聞、不問、不看的是台灣人民的心聲、心情、心願。

　　馬英九的中國心，和台灣人的台灣心，就像台灣和中國一樣，隔了一條又深又險的黑水溝，是連接不上的。要馬英九誠心誠意愛台灣，為台灣人民的願望、尊嚴、台灣國家的主權獨立、自由民主著想、拼命，根本緣木求魚。台灣人民不要再對他有幻想、期待了。

(2008.11.30)

　　後記：2012.09.07，在海參威召開APEC高峰會，連戰和胡錦濤舉行了第五次「連胡會」，依然矮化為國共兩黨的雙邊對話，並非台灣領袖代表與中國領導人的會談。

　　儘管台灣官方新聞稿中，刻意以「中華台北領袖代表」稱呼連戰，還說連是接受馬英九總統委派擔任領袖代表，但連胡兩人會面時是以「胡總書記」、「連主席」互稱。中國新華社的報導也提及，連戰轉

達了「中國國民黨主席」馬英九對胡總書記的問候。

連戰也向胡錦濤提及台灣尋求與他國洽談FTA及參與TPP(跨太平洋經濟夥伴協定)，連戰說，「這都需要『仰賴』大陸的支持與協助。」

# 馬英九連達賴喇嘛都騙

馬英九滿臉正經，滿口誠信，卻是一個說話不算話、騙人不打草稿的政治變色龍。

他說他是台灣人，但他滿懷中國心、中國情。他說不會推動他的「終極統一」，不會和中國談統一，卻一上台就急著向中國傾斜，做的都是傷害台灣國家主權、有利「一中」統一的壞事。他信誓旦旦說堅信、堅守自由民主人權，卻狠狠(真狠)地在壓抑台灣人民的自由人權，迫害台灣難能可貴的民主政治。他曾激昂慷慨、義正辭嚴支持天安門的民運、西藏的人權，但一上台就昨是今非，讚美中共政權改革有成，不再吭一聲支持天安門和西藏。

他選前大舉正義之旗，為西藏發聲，歡迎達賴喇嘛訪問台灣，選後卻鐵石心腸，為了討好中國，拒絕達賴2009年訪台。馬英九選前選後不僅騙台灣人，竟連達賴喇嘛都要騙，真是「夭壽」。

西藏精神領袖達賴喇嘛表示想2009年訪台，馬英九隨即向外籍記者宣布，他認為此時此刻達賴訪台，時機不宜。

同時，中國惡言恐嚇法國總統沙科奇(Nioclas Sarkozy)不得接見達賴，但是，沙科奇不僅以法國總統還以歐盟輪值

主席身分接待達賴，並宣稱「我要見誰就見誰！」，不甩中國。達賴還被歐盟議會邀請去演講。

不只沙科奇，美國前後任總統柯林頓(Bill Clinton)、布希(George W. Bush)、澳洲前後任總理何華德(John Howard)、陸克文(Kevin Rudd)、英國前後任總理布萊爾(Tony Blaire)、布朗(Gordon Brown)、德國總理莫克爾(Angela Merkel)，及很多其他民主國家領袖，都不理中國的蠻橫抗議，公開接見達賴。

過去達賴兩次訪台，阿輝伯和阿扁都曾熱情歡迎，親身接見。馬英九時任台北市長，也曾與達賴兩度會面。阿輝伯和阿扁歡迎達賴，一方面提升台灣的國際形象，另一方面強調台灣國家尊嚴，讓中國有所忌憚。

馬英九之前常以人權主義者自居、自豪，關心西藏人權，歡迎達賴訪台。2008年總統大選中，時值西藏人民起義反抗中國暴政，馬英九義憤填膺，大罵中國踐踏人權，如不改善，他不排除杯葛2008年奧運，不讓台灣運動員參加京奧。他還痛批溫家寶的台灣前途由中國人民共同決定的說法，說那是愚蠢、蠻橫、無理。

馬英九選上總統，在就職次日的國際記者會中，記者提問會否與達賴見面？他還說，目前沒有計畫，但他強調，台灣關注西藏問題，他非常尊重達賴喇嘛，「如果達賴喇嘛以宗教領袖的身分，想來台訪問，我們將會非常歡迎」。

極為諷刺的，在外籍記者會中，在達賴問題後被問，繼「馬陳(雲林)會」後，下一步會想在台灣見到胡錦濤與溫

家寶嗎？馬竟說，「我不會反對見他們，不會排除這個可能性」。

作爲民主台灣民選總統的馬英九，對被認爲是最受歡迎的世界領袖人物、沒有民主國家不歡迎的達賴，竟不僅自己不歡迎、還不讓台灣人歡迎到台灣訪問、弘法，簡直荒謬絕倫。在台灣，讓人傻眼，在國際上，除了中國大力讚揚外，普遍受到譴責。

在全世界的眼光下，馬英九的「國王的衣服」終於被看得清清楚楚，一絲不掛。他是一個言不由衷、詭計多端、爲了權力什麼話都說、什麼事都做的政治變色龍，一個反民主、反人權、沒有人道主義的政治動物。他以前滿口自由民主人權，支持天安門民主、西藏人權，都是滿天謊言。

他的大一統的中國情結，比毛澤東、鄧小平、胡錦濤等中共魔頭還要走火入魔。他是成長在民主化的台灣、教育在民主典範的美國的現代人物，不像人家侵淫在腐朽中國專制文明的毛、鄧、胡諸公。他的「我是台灣人」、「死了燒成灰也是台灣人」、「台灣前途要由2300萬台灣人民決定」等一系列的甜言蜜語，說得激昂慷慨，結果「攏係假耶」。

(2008.12.10)

# 得了斯德哥爾摩症候群的 阿Q總統

H1N1新流感席捲全球前夕，WHO(世界衛生組織)幹事長陳馮富珍寫英文信給台灣的衛生署長葉金川，邀請Chinese Taipei(「中華台北」，「中國台北」)以觀察員身分參加2009年的WHA(世界衛生大會)。馬英九大喜，大肆宣稱，是一大外交突破。民進黨、台聯等綠營大怒，破口大罵，說是喪權辱國，出賣台灣國家主權。

Chinese Taipei獲邀以觀察員身分參加WHA，外界質疑是否有逐年參與條款及主權疑慮，馬英九召開記者會強調，所有WHA的觀察員權利義務都一樣，我們是在這樣的情況下參加，參加的名稱用「中華台北」，「基本上沒矮化我們的國格」。

馬英九表示，過去1年，兩岸關係大幅改善，大陸當局更是體現2008年12月底「胡六點」的精神，對這個問題採取務實、善意的態度。

馬並兩度指出，兩岸外交對抗，資源浪費，完全不利於整個「中華民族」的發展；兩岸和解、雙贏，反而是「中華民族」對世界和平的重要貢獻。

高舉大中華民族主義旗幟，話說得義正辭嚴，卻充滿

意識型態、出賣台灣主權。

媒體追問政府要如何因應9月的UN大會，馬卻說，台灣5月要參加的是UN專門機構的活動(指WHA)，不是UN本身的活動。他並強調，在爭取國際參與的過程，不宜有務實以外的目標，不是為加入而加入，不是為突破而突破，更不是為彰顯某種意識形態，而去做無謂的衝撞。

一派胡說，縮頭縮尾，低聲下氣，一點也不再義正辭嚴，不像人民選出來、維護國家主權的總統應該說的話。

民進黨主席蔡英文痛批馬政府，指政府要以「中華台北」名義參與WHA成為觀察員，不是官方自己提出申請，而是中國要WHO秘書處發函給我們。她非常惱火強調，馬英九身為國家元首居然說這是中國的善意，「這是走向去主權化最危險一步！」

蔡英文指出，最恐怖的一件事是台灣沒有提出申請，是馬英九政府與中國達成協議，中國按照2005年的諒解備忘錄(MOU)直接叫WHA發邀請函給台灣。

她質疑，馬英九忘了他是ROC的總統，也忘了真正的主人是誰，馬政府談判「老把底線當第一線」，還當成是外交的突破。

她說，陳馮富珍寫給葉金川的信，沒有實質意義，馬政府接受，久而久之就等於承認台灣是非政府組織身分，沒有得到什麼，僅參加一次會議，不懂為何馬英九會覺得是重大勝利？

台聯主席黃昆輝更氣，說台灣這次在中國「恩賜」下參

與，完全無實質身分，只是中國底下的「鳥籠觀察員」。

立委賴清德指出，WHA的觀察員有3種形式，1. 是像教廷的非會員國；2. 是由大會決議出席的，像巴勒斯坦，主權模糊；3. 是透過幹事長發函邀請，像馬爾他騎士團，完全沒有主權。台灣此次出席WHA，就是第3種模式。要是甘爲中國附庸，台灣2006年陳水扁執政時就能加入了。

立委涂醒哲批評馬總統，先感謝「大陸當局釋出善意」，才提到「感謝國際社會的大力支持」，這樣的感謝次序除了討好中國，壓低台灣國格外，沒有任何好處。他強調，過去多年來，就是因爲中國阻擋，台灣才無法參與WHA，對中國這個流氓，有什麼值得感謝？

政論家鄒景雯認爲，馬英九接受「一中」框架閹割台灣主權。她說，馬英九爲「中華台北」參加WHA自我吹捧，特別給予「胡六點」正面表列，肯定大陸當局這次體現了「胡六點」的精神，但何謂「胡六點」的精神？一言以蔽之，就是「一個中國」框架，兩岸「復歸統一」，一個就職不到1年的「總統」居然心神喪失到自毀對選民的承諾，這已經不是矮化的問題，根本就是背叛ROC與出賣台灣人民。

胡錦濤的「胡六點」，強調的是：「世界上只有一個中國，中國主權和領土不容分割」，「兩岸在維護一個中國原則上形成共同認知及一致立場，什麼事情都好商量」，「可就國家尚未統一特殊情況的政治關係展開探討，但復歸統一不是主權和領土再造，而是結束政治對

立」。這個立場闡明的就是有「一中」、沒「各表」，統一為單一選項，否定ROC的主權。

台灣大學法學教授姜皇池認為，台灣參加國際組織活動問題，中國立場相當明確，須不造成「兩個中國」、「一中一台」，而此一立場在2005年中國與WHO秘書處簽署MOU中予以貫徹。「Chinese Taipei」參與流程與地位，是在2005年的MOU基礎上，由秘書處發函邀請台灣作為非國家觀察員，而台灣明白表示接受，所造成台灣(ROC)在國際法上遭定位為PRC(中華人民共和國)之一部分。

回到WHA參與上，組織體例上，僅需通過WHA決議案模式，以巴勒斯坦先例，亦未逾越上述任何參與模式，雙方尚有各自解釋空間。然中國卻絲毫不讓步，不僅是明白定位作為「非國家觀察員」，且在流程上執意將台灣置於2005年MOU下之參與，將台灣定位作PRC之一部分參與。如此參與，豈能說未矮化國格，簡直是嚴重損害國格！

好了！台灣內部藍綠兩極分裂，馬英九和蔡英文各說各話，隔山大罵，信者恆信、不信者恆不信。這是台灣的悲哀，卻也是台灣命運現實。再辯下去，沒什麼意思。

但台灣國家主權問題，我們都心知肚明，問題不在我們(2300萬台灣人民)認不認為台灣是不是主權獨立國家？我們當然認為是，而是，台灣雖具備國際法的主權國家成立條件，但因為世界170個主要國家不承認台灣是主權國家，還認知、甚至承認台灣是PRC的一部分。就因為PRC的權勢壓抑，台灣在國際政治上被認為是非主權完整的國度。

也因此，台灣是全世界190多個國家中唯一不是UN會員國，也不能參加WHO等其他UN的附屬組織。

台灣不被他國承認、不被准入UN，唯一理由就是PRC的無理權勢阻擾。PRC堅持「一中」原則，台灣是中國的一部分，還恐嚇，台灣如不與PRC和平統一(等同投降)，PRC將揮兵入侵，武力統一。

在如是嚴峻的國際關係中，馬英九可以嗤之以鼻，不理蔡英文、黃昆輝等泛綠陣營的譴責，視之如狗吠火車，但總不能不聽公正權威的國際媒體的報導和評論吧！

台灣獲邀以觀察員身分參加WHA的新聞，《美聯社》以《台灣總統：中國批准島國(台灣)的世衛角色》(Taiwan president：China approved island WHO role)為題報導，總統府發言人王郁琦澄清指出，馬總統未說過中國「批准」參與WHA，只說「大陸當局釋出善意，這也可由胡錦濤先生於去年年底談話中看出跡象」。

之後，《美聯社》雖把「批准」拿掉，但前後3次報導的導言均沒改變，都提到台灣方面表示它已說服中國「允許」(allow)其加入WHA。

包括《美聯社》在內的主要國際媒體報導都指出，台灣遲遲無法加入WHA，關鍵在於北京杯葛。

《紐約時報》報導說，馬英九宣布「中國已放棄反對台灣加入WHA的立場」。英國《金融時報》的報導為，「中國將讓台北出席WHO大會」(China to let Taipei attend WHO assembly)。《華爾街日報》中文版網站報導則以「中

國大陸同意台灣以觀察員身分出席WHO會議」爲標題。英文版《華爾街日報》一樣說，「北京同意台灣參與WHA」。澳洲全國性大報《澳洲人》的導言是，北京「撤回否決權」(withdrew its veto)讓台灣出席WHA。日本《產經新聞》的社論標題是：「台灣參與WHA成爲中國掌中的孫悟空」。其他各國主要媒體報導與評論大致雷同，都認爲中國同意台灣參加WHA。

中國《新華社》可更不含糊，說得很清楚：「中國允許台灣參加WHA」(allowing Taiwan's participation in the WHA)。

《中國時報》報導，我方獲邀參加WHA，幕後歷經一年的秘密作業，兩岸高層先透過多管道互探底限，取得高度共識後，兩岸4月在第3地進行最後磋商。第3地就是WHO總部所在的日內瓦，參與人士就是我駐日內瓦外交、衛生官員與對岸同層級人員。

立委蔣孝嚴質疑，WHO幹事長陳馮富珍的邀請函「隱藏了一些玄機」，我方切莫沾沾自喜。

他指出，WHO文件使用的正式官方語言有英文、阿拉伯文、中文、法文等多種，該邀請函以英文「Chinese Taipei」稱呼我國，會不會被國際誤解爲「中國台北」？

蔣孝嚴還說，邀請函收件人地址也有問題，英文寫的收件地址是「塔城街36號，大同區，台北市，郵遞區號10341」。沒有寫國名，隱藏了玄機。蔣孝嚴分析，這種寫法，「就中國來講，沒有違背中國國家主席胡錦濤在去年底所講的一句話，一個中國是堅持的，因爲在邀請函中

沒有看到台灣字眼！也沒有看到二個中國」！

蔣孝嚴眞是大驚小怪，故弄玄虛。信是寫給Chinese Taipei的，當然講明了沒有國家台灣或ROC(第2個中國)。

我不厭其煩，引述上面各方神聖的話，目的就是要指出，馬英九阿Q外，大家看法一致，都認爲Chinese Taipei這次出席WHA年會過程、意涵清楚明白：

過程是秘密談判，騙台灣人民。據聞，由國安會秘書長蘇起主導，不經過海基、海協兩會協商。馬英九接受「胡六點」、2005年的MOU，由北京指示WHO幹事長陳馮富珍修函邀請Chinese Taipei參加年會。

意涵是，Chinese Taipei不僅不是國家，更被明顯定位爲PRC的一部分。北京今年同意，明年可以不同意Chinese Taipei的WHA非國家觀察員身分。也即，同意權不在WHO，更不在台北，而在北京。

Chinese Taipei如是參加WHA大會，當然是喪權辱國、踐踏台灣國家主權的賣國行徑。有眼睛的人都看得清清楚楚。馬英九睜眼說瞎話，硬拗說沒有矮化台灣主權，還得意洋洋說是重大勝利，眞是「國王新衣」，讓人見笑。

馬英九的小媳婦作爲，被人欺辱得超過，還要低聲下氣，強顏爲笑，歌頌胡錦濤，感謝北京的「務實、善意」，令人感覺馬英九得了「斯德哥爾摩症候群」，愛上了綁架他的土匪。

台灣人民選出這樣沒骨氣、沒出息的敗家子總統，眞夠衰。

(2009.05.01)

# 請鬼拿藥單——馬英九的姑息主義

1963年我去加州的San Diego State University唸研究所，上國際關係課，第一本讀的書就是Hans Morgenthau的《Power Among Nations》。這是當年唸國際關係非讀不可的課本，也是國際政治現實主義(realism)的經典之作。

近代現實主義始於19世紀初締造Congress of Vienna(維也納議會)的奧地利政治家Prince Metternich。他的當代信徒包括Morgenthau、E.H. Carr、Henry Kissinger(季辛吉，前美國國務卿)、Condoleezza Rice(萊斯，前美國國務卿)、John Mearsheimer(芝加哥大學政治學教授)。

二次大戰後，美蘇兩大強國權勢主導冷戰時代，民主美國與專制蘇聯，都是帝國，都是霸權，大肆擴大勢力版圖，都發展核武，武備競賽，形成恐怖戰略平衡。這是國際政治權勢平衡(balance of power)現實主義發揮得淋漓盡致的時代。

Kissinger，以Metternich傳人自居，玩權勢政治(power politics)玩得如魚得水、爐火純青，1971年他去共產中國與老毛和解，就是權勢政治「聯中抗蘇」的精彩傑作。

1989年，中國爆發64天安門事件，柏林圍牆崩塌，導致蘇聯帝國的「內爆」(implosion)，分崩離析。

之後，國際政治的新自由主義(neo-liberalism)開始興起，理論創始者是哈佛的Joseph Nye和芝加哥大學的Robert Keohane。

Nye近年更發展soft power(柔性國力)的論述，也即呂秀蓮和馬英九常提到的soft power。

現實主義或新現實主義(neo-realism)，以人性惡為出發點，認為人與人和國與國之間一樣，利益取向，為了爭取利益而發生衝突時，比拳頭、比武力，必要時大打出手，兵戎相見，常是解決紛爭的不二法門。

新自由主義則以人性善為出發點，認為人與人和國與國之間，心比心，同理心，溝通了解，最重要。對話、談判、妥協、忍讓、和解，才是根本解決利益糾紛的辦法。

教學國際政治40多年，我在上述兩大論述之間遊走，心是向自由主義，腦卻向現實主義。問題是，研究了半輩子，還是無法終極論斷。為此，我常深感苦惱。

最後，我只能退踞兩者之間的中間地帶，也即邱吉爾說的「民主是最壞的政府，只是其他曾被嘗試過的模式更壞(Democracy is the worst form of government, except for all those other forms that have been tried from time to time)」，而相信民主政治是處理人性善與惡、國與國之間戰爭與和平的最好方法。

在民主國家人與人的利益衝突，唯有民主解決，才能避免流血內戰。同理，只有在民主國家與民主國家之間，才可能和平解決紛爭，避免戰爭。

第一次世界大戰後，至今沒有兩個民主國家之間發生

過侵略戰爭，歷史驗證了這一論點。

同時，這一段期間，主要戰爭，尤其是兩次世界大戰，都是專制國家發動的侵略戰爭，也是歷史驗證。

第一次大戰後的主要專制帝國，德國、日本、蘇聯、中國，像人性一樣，基因一樣。它們都是權力集中的專制國家，警察、秘密警察控制，不讓人民享有思想、言論、行動自由，當然更沒有主權在民的參政權利。

它們以國家支配、控制、甚至壟斷資本市場，德國、日本和鄧小平的中國還利用西方資本主義的自由市場，發展經濟，快速成長，成為經濟大國；同時，富國強兵、窮兵黷武，大肆發展武力，而成為軍國、霸權主義的國度。

它們共同的意識型態，都是極端民族、甚至種族及國家主義，用此意態思想教育洗腦、控制人民的心態，把人民變成盲從的庶民、甚至狂熱、愚蠢的「神風」敢死隊、高舉毛語錄的紅衛兵。馬克思主義在史大林的蘇聯和老毛的中國，只是騙人的政治意態。

不可避免地，這些專制主義的政治、經濟、軍事、意態的發展、運作，必然導致權勢擴張的帝國主義侵略戰爭。

希特勒的納粹德國，是此專制政治的典範。希特勒1920參加納粹黨，1年後就變成黨魁。在世界經濟大蕭條中，1933他取得政權，馬上獨裁統治。5年內，他就富國強兵、窮兵黷武，把德國建設成傲視歐洲的軍事強國。1939他揮兵侵略波蘭。3年內，他就侵佔了大片的歐洲。

　　希特勒敢如是囂張，胡作非為，原因是歐洲其他兩大國，法國和英國，都還未擺脫1930年代經濟大蕭條的傷害，國力相對衰弱。

　　因而，1938年英國首相張伯倫(Neville Chamberlain)和希特勒簽訂慕尼黑條約，向德國妥協，讓希特勒併吞捷克，進而導致希特勒更得寸進尺，明目張膽，1939年侵略波蘭。

　　為此，張伯倫成為歷史罪人，被認為是姑息養奸讓獨裁者希特勒大膽妄為、發動二次大戰的禍首。

　　其實，這不完全公平。張伯倫是低估了希特勒的霸權野心，但他也現實主義，理性了解英國當時國力衰弱，沒有能力和德國一戰。美國的羅斯福和蘇聯的史大林，更是老狐狸，不願捲入歐洲的權勢鬥爭，袖手旁觀。法國則是自由主義大本營，其武力不堪一擊，舉世聞名。

　　專制德國窮兵黷武，武力強大，民主英法諸國的軍力，相對低弱，雙方權勢差距太大，無法平衡，是德國敢發動二次大戰的主因。此論雖略顯簡陋，卻也一針見血，點出問題重點所在。

　　世界另一端的東亞情勢，日本帝國主義的崛起，發展模式與德國基本類似。日本軍國主義的「東亞共榮圈」與希特勒的Mien Kampf(我的奮鬥)，其民族主義、國家主義內涵一樣，都是帝國主義、霸權主義的意識型態。

　　日本軍國主義之敢發動戰爭侵略中國，主因也是因為中國「東亞病夫」的病痛未除。第一次大戰後，中國軍閥割據，四分五裂。1927年後蔣介石的國民黨雖北伐「成

功」，但國民政府統治中國有名無實，南京政府更是腐敗無能。蔣介石心知肚明，他根本無力抵抗日本的軍事侵略，只好步步退讓。何況，他還要「剿匪」和老毛的共產黨打內戰。

1936年爆發西安事件，1937年盧溝橋事變後蔣介石才被迫和日本宣戰，但也節節敗退，退到重慶，根本不敢和日本大打一戰。

簡言之，和歐洲一樣，日本之敢明目張膽揮兵入侵中國，主因就是蔣介石的中國軟弱無能，不堪一擊，根本沒有足夠武力和日本正面開戰，防衛中國疆域。

歐洲也好，東亞也好，最後都是美國、蘇聯被迫參戰，才以更優勢的兵力把專制德國和日本打敗。

二次大戰後，共產主義的蘇聯和中國帝國崛起，其專制主義本質沒變。1945-89年間，蘇聯國力雖大增，但共產黨一黨專制，走國(黨)富民窮、窮兵黷武的軍國主義路線。其霸權主義雖曾風光一時，也曾挑戰美國的國際權勢地位，但終究民窮必反，1989年後帝國一夕間分崩離析。

普丁(Vladimir Putin)的俄羅斯與鄧小平的中國一樣，大走國家資本主義路線，雖仍專制但經濟發展有成，國力不可小看。

老毛搞無產階級革命，還胡搞昏天暗地的文化大革命，但他一樣民窮卻強兵，大肆發展核武軍力，不僅權勢挑戰蘇聯，還要挑戰美國。不過，他也現實主義，知道要挑戰美國還早，故接受Kissinger的權勢遊戲、聯美抗蘇。

鄧小平被老毛鬥得很慘，老毛一死，他一復出，就走「黑貓、白貓，能抓老鼠就是好貓」的國家資本主義路線，靠美國、歐盟等龐大自由市場，把中國經濟搞起來。

到胡錦濤，前後30年，依然專制的共產中國變成世界經濟第二大國。高舉民族主義大旗，更是窮兵黷武，富國強兵，把中國武備急追美國，要成世界第二大軍事強國，擺明了要挑戰美國的國際權勢霸主地位。

美國、日本、印度、澳洲諸國，當然看到專制中國的霸權心態和企圖，也現實主義地明白，唯有擁有足夠的先進武器才能權勢平衡、嚇阻中國的武力侵略。

數字會說話，但不能說明事物全貌。國防預算雖不能正確估計一個國家的軍力，但還是一葉知秋，可以大致看出一國的武力大小、強弱。

2009年，美國的國防預算是US＄7110億，可謂天文數字，獨占世界第1(幾乎台灣GDP的兩倍)。中國排名第2，其國防預算是US＄1220億，雖只是美國的6分之1，卻也龐大驚人。第3大的俄羅斯的國防預算僅有US＄700億。日本、英國、法國、德國等雖也屬軍事強國，但其國防預算，只在US＄400-500億之間。

中國近10多年來，每年的國防預算都增加15-17％。10年前仍僅名列世界第7大，10年後卻迅速增加，超過俄、英、法、德、日諸國，成為世界第二大軍事強國。

反看專制中國不放棄武力統一的民主台灣，10年來，相對武力不僅沒有維持均衡成長，反而大肆遞減。2009年

台灣的國防預算不增反減，比2008年少了約US$3.4億，只US＄90億。

再看離開中國很遠、卻不敢輕視中國戰略威脅的澳洲。2009年它的國防預算明顯增長，高達US＄200多億，是世界第13大。更令人側目的是，為了因應中國的武力崛起對亞太地區的安全威脅，澳洲要在2010-30年間大肆增加國防預算US＄1100億，購買最先進的戰機、航空母艦、戰艦、潛艇、飛彈、戰略電腦網路系統等武器。

面對百里對岸千顆飛彈直接、立即威脅的中國，台灣的國防預算竟少到只是中國的13分之1。反而萬里之外、僅認為中國是戰略假想敵的澳洲，國防預算是中國的6分之1，台灣的兩倍多。台灣和澳洲是類似國力的中等強國，一有強敵環視，一沒有，但其國防預算卻有如是巨大差異，實在令人難以理解。

針對NATO(北約組織)，也面對中國崛起，俄羅斯也在增強軍備。針對中國，印度、日本更是憂心重重，印度的國防預算已經大增，日本也正朝同方向前進，都在走上軍備競爭的不歸路。

張伯倫對希特勒姑息、妥協，導致納粹德國的侵略戰爭。張伯倫判斷錯誤，但並沒有賣國。他的姑息主義戰略思考是要爭取時間，把英國強兵起來，軍力夠了，再和希特勒兵戎相見。

台灣的馬英九則完全不同。他不僅大肆向專制中國傾斜、妥協、退讓，還一廂情願，放棄武力防衛民主台灣的

基本國防政策，不積極建構台灣的國防軍備，購買必要的先進武器(美國要賣，他都半理不理)，讓台灣有一定的自衛武力，必要時和中國一戰，發揮一定的嚇阻效力。他連唯一可以阻止中國武力犯台的戰略盟邦美國都愛理不理，還宣稱要在中國與美國之間維持等距關係。

簡直莫名其妙。馬英九和張伯倫相同都犯了姑息主義的毛病，根本不同的則是，馬英九不愛國(台灣國)，在賣台，張伯倫愛國(英國)，決不是在賣國。他們有天壤之別。

馬英九的姑息主義是請鬼拿藥單，一定把民主台灣帶入死路一條。大中華主義的馬英九要這樣做，2300萬台灣人民也如呆胞，跟著他走亡國之路，除深感匪夷所思之外，再罵「台灣人，去死好了！」也沒有什麼意義。

我看台灣人的悲情歷史看了50年，怎麼看也看不出台灣人都是呆胞。我不相信2012年台灣人民會再選馬英九，讓他出賣台灣。

我還是相信：人性善比惡多，民主比專制好，前者好和平，後者好戰，民主台灣的前途比專制中國要更看好。這雖還不是福山的「歷史終結」，但如邱翁所言，非常可信、可靠。

(2009.05.30)

# 政治家與政客──陸克文與馬英九

2007年底陸克文(Kevin Rudd)、2008年五月馬英九兩人上台後都向中國傾斜，讓我憂心重重，深怕民主台灣被專制中國吃掉，民主澳洲會脫離自由民主軌道，像二次世界大戰前的英國和納粹德國妥協，導致人類歷史悲劇。

台灣人的悲情、自由民主獨立建國是我終生關懷，澳洲的自由民主是我年輕時離開台灣、去美國唸書後不能回台灣而來生活到老、到死的樂土。

15年前認識陸克文，並支持他選國會議員，到他當上總理，對他的一言一行非常注意，並和他深談多次，有所研究。本來對他很欣賞、支持，但對他上台初期的親中行徑非常感冒，曾嚴厲批判。

不過，他2009年發表澳洲國防白皮書以軍事崛起的中國為假想敵，對中國大量購買澳洲能、礦源公司有疑慮，處理力拓(Rio Tinto)上海經理胡士泰被捕、維吾爾人權鬥士熱比婭訪澳簽證上，不顧中國壓力、維護澳洲主權及人權價值，不妥協、不退讓，正義儼然，令我另眼看待，非常欣賞。

比較馬英九和陸克文，我一直思考政治人物為何、如何成為政治家或政客。在理想與現實、人道與權勢之間，

我學術理論分析結果認定陸克文是政治家、馬英九是政客。我想到的理由很多，歸根結柢主要論點如下：

政論家江春男(司馬文武)在評論新閣揆吳敦義的一篇短文中，言簡意賅地說，「有人曾說，政治領袖必須具備兩個基本條件，一是肚裡有一把火，一是鋼鐵般的意志。這把火是爲了人民，鋼鐵意志是對付敵人。」

前澳洲總理基廷(Paul Keating)被很多澳洲人認爲是有思想、有作爲的政治家，頗被尊敬。他最近也批評目前政治人物，都是政客，沒有理念、執著，只有作秀、注意民調、會選舉、會爭奪權力。他說，政治人物要有作爲一定要有爲民著想的理念堅持、政策目標、社會熱情(social passions)和誠信(integrity)，還要有「價值」論述(value in an argument)及爭辯能力。

兩說一針見血點出了政治家與政客區別的根本性質所在。政治是權力遊戲，必有其現實主義一面。政治也是可能的藝術，必有其有取有予(give and take)的一面。但權力爭奪、現實妥協不能過分犧牲理念、理想、誠信原則、基本人道價值。在民主國度，現實主義的權力爭奪和運作更不應該妥協、犧牲人民當家作主的自由民主基本人權。

政治家要能文能武、能知能行，不能像孔夫子、馬克思只說不做，也不能像馬基維利(Machiavelli)的「太子」(The Prince)，權勢、現實主義地只會爭權奪力，能做不能說、不會寫，說、寫不出道理。馬基維利的「太子」是政客，不是政治家。

　　西方學者對老毛的歷史功過評論最有名的一句話是：老毛是先知先覺(visionary)，是革命家(revolutionary)，也是魔鬼(monster)。到頭來，他越看越像魔鬼，不像先知先覺和革命家。不過，他的革命願景論述，還是汗牛充棟、文情並茂，質和量都驚人，令人不得不佩服。蓋棺論定，他當然不是民主國家的政治家，而是專治國度的暴君。

　　林肯、邱吉爾和曼德拉是偉大的政治家，能文能武，有思想、著作，有行動、作為，文章和政績都流芳百世。歐巴馬也能文能武，說得好，寫得好。有人把他和林肯比，大概還早一點。他的選戰打得漂亮，但他的全民健保理念政策的推動，雖彰顯強烈社會熱情，但面臨嚴峻挑戰，「成則為王」、成為政治家，敗則「革命尚未成功」，成為政治家的日子還要再等、再努力。

　　阿扁被政治迫害，坐黑牢。他有罪沒罪，對台灣的歷史功過，我們都還不能蓋棺論定。但是，他執政8年，在理念理想與現實權勢之間搖擺不定，又不讀書，缺乏深厚理論修養。他心中是有台灣獨立建國的理念，但一樣沒有「心中一把火」，他因而也只是政客，不是政治家。

　　在今日台灣，能被認為是政治家的只有李登輝。阿輝伯能文能武，有深厚民主政治修為、信仰、行動，有人道主義的堅持，及宗教信仰的心靈基礎，又有堅強的日本武士精神、馬基維利的權勢政治手段，爭權有能、有成。更令人欽佩的是他書讀很多，有一套完整的理念論述，著作等身。

　　馬英九和陸克文都是政治人物，權力運作是他們的職業。以此論之，他們都算是成功的政治人物，都很會塑造形象，利用媒體，運籌選戰，取得政權。但是，以理念、理想、誠信原則堅持的角度來看，他們卻有天壤之別。馬英九搖擺不定，沒有堅強的中心思想，不能堅守誠信；陸克文堅信人道主義，有深厚的理念基礎、真誠的宗教信仰，非常堅持誠信原則。故馬是政客，陸為政治家。

　　還有，從兩人的思想理念論述能力來看，馬英九沒有寫出一篇像樣的文章，連他的長篇大論的2008年就職演講，都說得空洞乏味，口號一大堆，聽起來就是競選演說。

　　陸克文著作等身，從神學、哲學的人道主義、心靈信仰，2009年全球金融危機導致的「新自由主義」(neo-liberalism)終結論，到澳洲的治國理念、國際政治，以及與美國、中國、日本等強權的關係，他都有精闢的理念分析，彰顯他雄厚、深沈的思想理論基礎。

　　最近，他寫了一篇鴻文投稿權威雜誌《Foreign Affairs》(外交事物)，談論亞太社區(Asia-Pacific community)、G20、中美關係等重大政治課題，文章的理念、政策論述充滿價值內涵和爭論，被評論家認為是一思想論述大作。有人把他和哲學大師盧梭(Jean-Jacques Rousseau)、修姆(David Hume)等比擬，那太超過。我曾把他和季辛吉(Henry Kissinger)比，雖也過分一點，但還恰當。

　　馬英九選前說他是「台灣人」，選後說他是「中國

人」。選前說選勝執政(既使8年)「不統」，選後卻走向統一。選前說不接受沒有「各表」的「一中」，選後接受的就是中國的沒有「各表」的「一中」。選前說不接受「一中市場」，選後盲目推動的ECFA就是「一中市場」。選前大罵中共暴力鎮壓西藏，選後說達賴訪台時機不宜、胡錦濤有改進人權。他沒有誠信的政策轉變，更是族繁不及備載。

他年輕就是國民黨阻礙台灣民主化的打手。他民主選上台灣總統大位，上台就大權一手抓，威權統治。選前說當總統不兼黨主席，選後就黨政軍大權在握兼黨主席，與他的恩公蔣家父子比美。

他沒有強烈的中心思想，沒有基本政治理念。他不僅執政無能，其實，他根本滿腦袋、滿肚子空空，什麼都沒有。

他不是政治家，是標準政客。但是，他又軟弱無能，不是馬基維利的「太子」，而是無知無能的輕量級的政客。他心中有中國大一統的民族主義，但不是「心中一把火」的中心思想，並不深厚，他不會堅持。他反對台灣主權獨立，口說「終極統一」，但又「不統、不獨、不武」，在他可能的8年任期內不會(其實無能)和中國談統一。

我們當然要大肆批評他溫水煮青蛙式的賣台行徑，但他是透明人(transparent man)，很容易看穿(周美青說過類似的話)。看穿了，因為他的軟弱政客本性，搖搖擺擺，變來變去，還真沒有能耐出賣台灣。他沒能力、火力推動急統政策，

「引清兵入關」，把台灣拱手送給中共。他在當「台灣特首」與台灣總統之間搞不清楚、猶豫不決，常看起來像在當特首。

還有，他應也心知肚明，台灣人絕不會讓他出賣台灣，但又偷偷摸摸在搞出賣台灣的勾當。

做為政客，我實在看扁馬英九，他不能、不敢支持台灣獨立，也不能、不敢實現他的「終極統一」歷史定位大業。有時真想對他說，「有種，你出賣台灣看看！」

這是氣話，但說得肚子裡有一把火。

(2009.09.20)

後記：2012年大選前後，2008年支持馬英九的政論家南方朔，轉變支持蔡英文，寫了很多批馬文章，說他「比崇禎皇帝還不如」、是「自戀型領袖」、「恐懼販子」、「恐懼的領導」、「只會作秀不會做事」，更罵他「無情無義」、「刻薄寡恩」。

2012年5月20日，馬英九連任總統就職典禮，在全國人民注目下，夫人周美青在總統府大門罵丈夫，「奇怪耶！你」，雖無意但也點出了馬英九的無情(callous)性格，令人印象深刻。「callous」也是南方朔說馬「無情無義」的英文字。

# 自作孽不可活還要台灣人陪葬

　　蔣介石、蔣經國父子被老毛的共產黨打敗，趕出中國，落荒而逃，跑去台灣，專制統治台灣近半個世紀，讓台灣人吃盡苦頭。老蔣恨死老毛，死不往來，小蔣也是反共到底，漢賊不兩立，「不接觸、不談判、不妥協」，還算有點骨氣。

　　李登輝和陳水扁，雖不視中國為敵，但視台灣為主權獨立國家，要和共產黨統治的中國劃清界線，兩邊是國與國的關係，一邊一國，互不隸屬。台灣要發展國際關係，成為UN會員。中國跳腳，全面壓制台灣國際生存空間。

　　台灣要以台灣名義進入UN，雖被中國封殺，但越拼越有尊嚴，越受世人注目、尊重。

　　馬英九向中國大肆傾斜，接受沒有「各表」的「九二共識」、「一中原則」，急著要和北京簽訂ECFA(兩岸經濟合作架構協議)，納入「一中市場」，先經後政逐步推進他的「終極統一」陽謀。他「不統」是假，「不獨」是真，「不武」是空話、廢話。他外交休兵，不申請進入UN，不擴張台灣的國際生存空間，在中國的批准下以「Chinese Taipei」之名出席WHA，當沒有尊嚴、一年一度、中國准許才能參加的觀察員。

　　馬英九不再爭取國際承認，中國也暫時不策反23個與台灣有邦交的迷你小國。馬英九就「自我感覺良好」，一再宣稱台海兩岸「地區」關係「從來沒有那麼好過」。中國雖然一再聲稱，既使台灣和中國簽了ECFA，也不會讓台灣和中國的邦交國簽訂FTA，馬英九還是感覺良好，自欺欺人，蒙著眼睛說瞎話，說中國會讓台灣和他國簽訂FTA。

　　馬英九上台1年半，感覺良好，他外交休兵，但中國也外交休兵嗎？當然沒有。對此，我有真實故事要說，雖是一葉之秋，卻歷史見證：

　　我在澳洲布里斯本住了近40年，前30多年台灣和中國都沒有設立領館。約6、7年前，中國先、台灣跟著設館，展開了兩邊的外交戰。

　　這些年來，各種澳洲官方、非官方、亞洲人、華人社團活動，甚至佛光山中天寺的活動，如中國總領事、台灣辦事處處長都被邀請，台灣處長出席，中國總領事就儘量不出席，出席也要與處長隔離，並要求他說話，處長不能說話。

　　2009年底，和我還不錯的澳洲國會議員Graham Perrett主辦一場為華裔戰死官兵(主要是二次大戰、韓戰和越戰)立碑的募款餐會。澳洲國防部長被邀出席，中國總領事和台灣處長也被邀請。事前我們和Perrett商量，堅持部長、處長、總領事應同坐主桌，他一口答應，說沒問題。

　　我也因而同意和30位台灣同鄉共襄盛舉。但是，我一

到會場，和Perrett一見面，他就搖頭道歉，苦笑說，「不行！」總領事不願和處長同桌，如同桌他就不來。我氣結，飯吃一半就憤而離席回家。

2010新年啟始，舊曆年又要到了。昆斯蘭州長照例主辦酒會，邀請亞洲移民慶祝新春。我每年被請，有空就參加。但是，近年來我出席，都深感鬱卒，敗興而歸。4年前，出席時，州長講話唱名「認知」(acknowledge)的貴賓，第一是中國總領事，後來是希臘、巴布亞新幾內亞等國的領事，還邀請總領事講話。我等了半天就是沒有聽到台灣處長的名字，好像不存在。

事後，我和幾位台僑向州長抗議。州長召見我們，並表示過意不去。後來還請我們和處長到他辦公室溝通，並解說中國態度強硬，如讓台灣代表「官方」出現，他們將杯葛、不出席酒會。

去年，春節酒會前，我們又私下協調，表示要有一定的「認知」，但到頭來得到的是州長的一句「歡迎台灣社團代表出席酒會」的空話。

氣死我也！2010年我知道將得到同樣的無禮待遇，決定不去了。

中國海協會會長陳雲林最近剛去台灣舉行「江陳會」，受到馬政府元首級的招待，兩邊都努力營造善意友好氛圍，好像關係真的「感覺非常良好」。但同時中國駐布里斯本總領事卻大搞大國權勢政治，壓迫澳洲官員，就是要給台灣代表受氣、難看。這是什麼「他馬」的說的兩

岸關係從來沒有這麼好過？

　　1980年代後期，很多台灣商業移民來布里斯本定居。有兩位綠營的同鄉先後辦了兩個社區週報，《世界》和《華友》，靠廣告維持，雖沒賺錢，多年來都還堅持台灣立場。我一開始就替它們寫專欄(不拿稿費)，宣揚自由民主、台灣主權理念，並嚴厲批評中國共產黨的獨裁專制。

　　近年來，中國移民大增，很多有錢的中國人在此投資做生意，加上中國總領事館積極介入僑界事務。他們威脅(不買廣告)利誘(買廣告、投資、出錢買報)，用盡辦法要壓抑兩報的反中、親台言論。我當然是他們打擊的主要目標，「登邱某人的文章就不買你的廣告」的話聽了不少。

　　約1年前，虧損太大，「世界」轉手賣給另1位台灣同鄉。這位同鄉本來也算綠色。他繼續大篇幅刊登我的文章。但1年不到，有1天我就接到他的電話，說他賠錢賠不起了，有台商願出資加盟，條件是不再登我的文章。

　　是不是像台灣的《中國時報》？有沒有中資介入？這位台商是不是聽中國總領事館、中國商人的話？我不知道。但結果一樣，像在馬英九統治的台灣，在海角的澳洲布里斯本，支持中國的統派打敗了堅持台灣主權的台灣派。

　　這不是茶壺裡的風暴，是經常發生在世界各地、無所不用其極壓制台灣生存空間的生死之鬥。他們是步步逼迫，我們是節節敗退。

　　馬英九一廂情願、投降主義地外交休兵，看著鏡子自

我感覺良好，說夢話，胡錦濤卻吃台灣夠夠，一點也不休兵，封殺台灣的主權生存空間，趕盡殺絕，一點都不手軟。我們台灣人在海外四面楚歌，處處被圍堵、封殺，被逼迫得窒氣、氣結，感覺一點也不良好。

馬英九是自作孽不可活，又要2300萬台灣人民陪葬，哪有天理人道！

(2010.01.18)

# 國亡了，馬英九也不會上吊

　　2008年馬英九高票當選台灣總統，2年不到就毛病百出，讓台灣人民感覺不好。明顯地，完全執政、完全負責，他的領導能力(leadership)出了大問題，不僅泛綠看傻了眼，連死忠支持他的深藍都有人看不下去。一篇又一篇出自統派政論家的批判文章湧現在《聯合》、《中時》等統派媒體，讓人看得眼花繚亂，不知今夕是何夕。

　　其中，長期擁護馬英九的南方朔的一系列論述，最令人看得目瞪口呆。尤其是他把馬英九比成明朝末代皇帝崇禎的大文(《中國時報》，2009.12.08)，更是轟動海內外，激起千層政治浪，令人越讀越感覺入木三分、一針見血、生動描繪出了馬英九leadership的嚴重缺陷。

　　我心裡的質疑是：馬英九哪裡比得上崇禎。崇禎雖也是自戀狂，自己感覺良好，不好的都是別人，但他還是爬上華山上吊自盡。我可斷言，雖千錯百錯，既使台灣(ROC)亡國，被PRC吞滅，馬英九也絕對不會有自知之明、道德良知、勇氣，上吊自殺，以謝國人。恐怕還會接受特首職位而自我感覺良好。

　　南方朔另一論述(《聯合報》，2010.04.02)，說馬英九政府失去了含鐵量。其實，馬英九渾身嚴重缺乏鐵質，也即台

灣人說的沒有LP(guts)。

一個國家的建國、治國的成敗、前途光明黑暗、人民身家性命的安危，當然和領導人的leadership、領導理念、方針、能力有密切關係。要把國家帶到哪裡？爲什麼？如何帶？帶得動、帶不動？都是關鍵問題。有什麼樣的領導人就有什麼樣的國家，說法雖略微誇張，但也大致正確。

有南方朔、王健壯諸公把馬英九的leadership批得一文不值，更有70％多台灣人認爲他的政績丙等，不及格；連他哈佛大學的恩師孔傑榮教授都對他的領導能力質疑，該說的都說了，我實在沒興趣也插上一口。

不過，2010年五月初昆斯蘭大學創校100年請來澳洲國立大學校長(Chancellor Gareth Evans)專題演講，講的就是leadership問題，論述精闢，可以用來彰顯馬英九leadership不足影響台灣前途之大。

Evans是澳洲前外長(1983-96)、前International Crisis Croup主席兼執行長(2000-09)，現爲澳洲國立大學校長，並爲International Committee on Nuclear Nonproliferation and Disarmament共同主席。曾在牛津大學深造，專攻哲學、政治和經濟，也曾在母校墨爾本大學執教。還曾被認爲是UN秘書長適當人選。在澳洲，他被認爲是少有的政治思想家，在國際政治界，他又被認爲是頗受尊敬、很能折衝尊俎、調解國際爭執的政治家。

他縱橫澳洲及國際政治舞台30多年，看的政治人物之

多、對leadership了解之深，理論與實務並重，可說很少人能和他比。

在他的校慶百年演講中，他說，一個領導人、政府或非政府組織要能成功推動政策，要有：1，領導人和他周邊有關人士要有了解政策的知識(理念)；2，要有完成任務的心意(決心)；3，要有明確可行的程序、戰略、制度和組織；4，更必須要有政策推動的領導能力。他強調，沒有領導能力，其他3個條件有也沒用。

他說，領導人常選擇cynicism(嫉世憤俗)而失去statesmanship(政治家風範)、要votes(選票)而喪失 principles(原則)，也常失去行事邏輯(logical play)、稍縱即逝的機會，甚至優柔寡斷，自己為自己製造麻煩，讓政策無法成功推動。

這一段話好像量身訂做，就是在描寫兩年來馬英九的領導作風、作為。

他還舉出很多領導人為例，從南非的曼德拉(Nelson Mandela)、土耳其的Ataturk、巴勒斯坦的Arafat、以色列的Rabin，到Sadako Ogata(UN High Commissioner for Refugees)和Jan Egeland(UN Humanitarian Relief Coordinator)，說明leadership的重要性。

在歷史關鍵時刻，一個國家的命運會因不同的領導人而有天壤之別。遠的不談，看二次世界大戰後的一些國家，有例為證：

印度建國有甘地，中國有毛澤東，結果，1個自由民主、1個專制獨裁。南非有曼德拉，津巴布維有姆加貝

(Robert Mugabe)，結果，不僅1個民主、1個專制，還1個經濟平穩發展，由窮變富，前途看好，1個經濟發展暗無天日，由富變窮，人民生活在水深火熱中，前途無望。

1979年中國沒有鄧小平就可能沒有30年來的經濟改革開放、高速發展。1989年天安門如是趙紫陽大權在握，不是老鄧太上皇掌握軍權，中國民運就可能有非常不同的前景。1989年蘇聯沒有戈巴喬夫(Mikhail Gorbachev)，就可能沒有柏林圍牆、東歐共產主義的崩潰。1996台灣沒有李登輝就沒有總統直選。2000年沒有陳水扁就可能沒有台灣的第一次政黨輪替。

2010年美國沒有歐巴馬就沒有歷史性的全民健保的創建。台灣沒有馬英九也就沒有大肆傾向中國的ECFA引爆的烽火連天。

不過，在leadership議題上，馬英九的親密戰友金溥聰把馬英九的ECFA比作歐巴馬的全民健保，實在東施效顰，比得超離譜的。

歐巴馬的健保是繼羅斯福總統New Deal(新政)之後，80多年來美國最龐大、最艱難、歷任總統都無法推動的社福政策。

馬英九的ECFA是中共搞統戰、「讓利」，要心懷「終極統一」的馬英九陷入「一中」市場及「先經後政」的統一陷阱，對台灣經濟前途雖可能有短利，但政治前途一定利空，凶多吉少。國共兩廂情願、一拍即合，馬英九可以獨斷專行、不顧台灣民心民意，也可以輕易讓國民黨

多數控制的國會橡皮圖章通過ECFA。

　　歐巴馬的健保與馬英九的ECFA兩相比較，根本差很大，沒得比，一個是政治家的歷史千秋大業，一個是政客短線操作的投機行徑。

　　李登輝完成總統直選、廢除「戡亂時期臨時條款」，宣稱台灣與中國是「特殊國與國」的關係；陳水扁宣布海峽兩岸「一邊一國」；兩位台灣領導人的建國理念、政策都清清楚楚。馬英九2008年以「死了成灰都是台灣人」的騙局贏得總統大位，一上台就表明他是大一統的中國人、不是台灣國的台灣人，反對台灣獨立，主張「終極統一」，並推動「不統」是假、「不獨」是眞、「不武」是空話的兩岸政策。

　　李登輝和陳水扁的台灣獨立與馬英九的中國統一理念、政策，南轅北轍，要把台灣帶去完全不同的國家願景。本來大家都同意，台灣前途要獨、要統，應由2300萬台灣人民民主決定。問題是馬英九口是心非，說「不統」，卻一步一步由三通到ECFA，「一中」經濟到「一中」政治，溫水煮青蛙地在推展他的「終極統一」。

　　馬英九是一個缺乏leadership的領導人，他的治國理念、政策模糊不清，優柔寡斷，搖擺不定、變來變去。他沒有完成政策的決心、推動政策的勇氣、能力。爲了選票，他的「終極統一」說不出口，推動統一政策用偷的、匿藏式(stealth)的，偷偷摸摸，根本缺乏敢作敢爲的「含鐵量」(LP)。他是溫室裡長大的權貴子弟，軟弱無能，更缺

乏和中共統戰老手周旋的智慧、能耐，只能投降主義地任人宰割。他兩年來的表現，讓台灣人民越看越傻眼、越氣結。

在民心向背，選票壓力、越來越多人民反對下，沒有leadership素質、智慧、能力、魄力的馬英九，要推動他的匿藏式的統一政策，還真舉步維艱。

也即，對花拳繡腿、無能無力的馬英九，我還真滿看扁的。他一再對中國說「是」(Yes)對台灣說「不」(No)，他得意洋洋的「不統、不獨、不武」，什麼都「不」，不敢作、不能作，對他倒也適切、「政治正確」。

評論4月底馬英九和蔡英文的ECFA辯論(《聯合報》，2010.04.09)，馬英九的智囊蔡詩萍都呼籲，雙英應講清楚「台灣出路」在哪裡。蔡英文的台灣出路很清楚。我敢斷定，馬英九絕對無法說清楚他的台灣出路，因為他的台灣沒有出路。

(2010.05.06)

# 藏著魔鬼的元旦文告

馬英九2011年的元旦文告，初看，沒什麼看頭，還令人厭煩。不僅沒有什麼新意，只是舊話重提，陳詞濫調，重複他2008年總統大選以來的選舉語言，唬弄台灣人，騙選票，還居心叵測，用亮麗的彩色，畫出一幅海市蜃樓的百年榮景，就是要出賣台灣，哄騙、誘導台灣人走向他的「終極統一」，實現他中國人的民族主義大一統美夢(台灣人的惡夢)。

本來興趣乏乏，不想評論，認為台灣人雖笨，還不至於那麼容易受騙；但越看、越想、越感覺不對。他談話的細節裡藏著太多魔鬼，太多台灣人又笨，看不清楚，一定會被他騙得團團轉，2012年還是會迷迷糊糊就把票投給他，讓他再有足夠的4年，溫水煮青蛙，把台灣人煮熟，莫名其妙就被煮成專制中國統治下的中國人(呆胞)。

一想就不寒而慄。所以，還是決定認真抓鬼，把馬英九文告裡藏著的魔鬼抓出來，讓台灣人看清楚，正確、民主地決定自己的命運前途。

一開口，馬英九文情並茂，描繪出一幅台灣經濟發展樂觀繁榮的願景。雖然越看越像他2008年大選中發表的「633」經濟大餅，一堆空頭支票，但我們還是應該樂觀

其成，讓他搞經濟。經濟很實在，有沒有飯吃？工作做？房子住？生活有沒有改善？經濟支票兌不兌現？都是「鐵道理」，人民會直接感受到，騙不了人。馬英九要搞經濟，我們就等著瞧吧！看他的ECFA會把台灣帶到哪裡？

甚至他把台灣經濟前途放在「一中經濟」的一個籃子裡，雖風險很大，我們也可樂觀其成。中國為了撐住馬英九這個胸懷「終極統一」的中國人，一定會盡力讓利給他，用錢替他買票。這個把戲，只要不玩到台灣被賣掉，他要玩就讓他去玩吧！天要下雨，娘要嫁人，也真奈何他不得。台灣人民如因而也利多，那就阿彌陀佛，善哉！善哉！

當然，問題沒那麼簡單。在馬英九的整篇演講中，他沒有、其實根本不敢提到「一中經濟」必然導致「一中政治」(統一)的魔鬼細解。但魔鬼就在細節裡，這才是台灣的致命問題所在。

最近，《維基解密》披露一通美國機密外交電文，詳細記錄了新加坡元老政治家李光耀與美國副國務卿史坦柏格(James B.Steinberg)2009年5月的對話。

電文顯示，李光耀在評估台灣情勢時指出，未來幾年內，因「一中經濟」的利多，台灣經濟將會好轉，馬英九將會因而贏得連任。

李光耀表示，目前中國對台政策的盤算是：短期內防止台灣獨立，長期目標則是讓台灣「回歸中國」，「即使要等上40或50年」。

他透露，中國終究要併吞台灣，它可以用經濟施惠，但也隨時可以切斷經濟助力，逼迫台灣就範。

反看馬英九的新年文告，報喜不報憂，根本不提李光耀說的中國必然「以經促政」、「以經促統」的魔鬼細節。問題不是他不知道，而是他和中共領導胡錦濤心態、想法一致，難兄難弟要走的路，就是這條「一中經濟」導致「一中政治」的統一道路，大家志同道合，心照不宣。

所以，馬英九在文告中描繪的台海兩岸和平、關係良好景象，根本是假象。元月3日，前總統李登輝在他90歲慶生晚宴上也說了馬的「兩岸和平、關係良好」是騙人的話。

馬英九都公開接受「92共識」、「一中」原則(「各表」是空話)、「Chinese Taipei」、棄械投降、外交休兵，胡錦濤可以不費一兵一卒就能和平統一台灣，對馬英九當然要千方百計呵護、讓台海局勢看起來和平穩定。

所以，馬英九自我感覺良好，再次重複他的「以台灣為主、對人民有利」、「不統、不獨、不武」及「台灣前途要由2300萬台灣人民決定」的話。就像他2008年大選前說的「燒成灰我都是台灣人」一樣，都是選舉的政治口號、騙台灣人的黑白講。

我已多次說過，他的「不武」是假議題，他拳頭小、不武，人家拳頭大、要武，他喊「不武」，只讓人見笑。

他的「不統」是假仙、「不獨」是真心，他在追「統」，司馬昭之心台灣路人皆知。

他的「不獨」和胡錦濤一樣，其實是「恨獨」、「反獨」。他們都一心一意、同心協力，絕不讓台灣人民經過民主程序選擇台灣獨立，建構自己的國家。

不僅如此，假如台灣人民真的要經過民主程序選擇獨立建國，胡錦濤因而揮軍入侵台灣，馬英九大概也會和吳三桂一樣開大門讓胡軍長驅直入，輕易武力「解放」台灣。

所以，馬英九文告講得得意洋洋，「中華民國是主權獨立的國家，台灣也早已成為主權在民的民主社會。我們應當充滿自信，台灣的未來，當然是掌握在我們2300萬人手中」，都是甜言蜜語，騙人的鬼話。大家都知道，他的「台灣前途要由台灣人民決定」並沒有讓台灣人經過公民投票選擇台灣獨立的選項。

他要是真的相信台灣人民，相信台灣民主，應在他的文告裡加上一句：「台灣前途，要統、要獨，應經過公民投票民主程序讓台灣人民決定」。

他敢嗎？當然不敢。他連堅持中國官員稱呼他「總統」、在中國官員面前掛國旗都不敢，哪來勇氣堅持台灣人有主權在民的權利公投決定台灣獨立建國。他連ECFA公投都不敢，哪敢台獨公投。

至於他終於說出：「中國快速崛起，影響力日益增加，但在民主制度、人權保障、法治水準、創新設計與生活品質等層面，仍與台灣有一定差距。我們應該有自信，對台灣價值與制度充滿信心，在與大陸交往過程中，樂於

分享我們的價值觀與生活經驗，讓自由、民主成為台灣人昂首闊步的精神標誌。」

壯哉，斯言！不過，他又是在哄騙台灣人，說一套、做一套。兩年來，在他領導下，台灣的自由民主人權，不僅沒有進步還後退。馬英九傷害台灣自由、民主、法治、人權的情事，罄竹難書，大家讀讀他哈佛老師孔傑榮的文章、「自由之家」的報告及西方民主國家的報紙就行了。

還有，這一段話他敢講給台灣人聽，他也敢面對中國人、中共領導大聲講嗎？當然不敢。

最後，也是最彰顯他的心中魔鬼的，就是他和胡錦濤共同擁抱的大中華文化及民族沙文主義。

這一點在他的文告裡倒毫無隱匿。文告的大標題就是明目張膽的「壯大台灣，振興中華」。他的「壯大台灣」不是要建立一個主權獨立的台灣國，而是要振興中華文化、中華民族，也就是振興他的「一中」的「中央帝國」(Middle Kingdom)。

他要作「中華文化的領航者、華人世界的民主模範、全球創新中心、受人尊敬讓人感動的國家。」這個國家不是台灣，是中國。

西諺說，「魔鬼藏在細節裡」(Devil is in the details)。馬英九的元旦文告實在藏著太多魔鬼。他的最大心魔就是反台灣(國)的中國情結，那是決定他政治言行的神經中樞，意識型態，根深蒂固。

馬英九2008年大選前說的「死了燒成灰我都是台灣

人」，選後就證明是騙人的白賊。「我死了燒成灰都一定
是中國人」，才是他不敢在台灣競選台上公開講但深深刻
在他心靈上的眞情、眞心話。

1755年，英國政治哲學家約翰生(Samuel Johnson)說過一
句名言，「愛國主義是無賴的最後避難所」(Patriotism is the
last refuge of a scoundrel)。專制中國的江澤民、胡錦濤之輩，都
是這樣的政治無賴。在民主台灣，馬英九也變成同樣的政
治無賴，還被台灣人民選爲總統。

眞是上帝(佛祖、李登輝)無眼，才會帶來如是荒誕不經的
台灣悲情、悲劇。

(2011.01.07)

# 馬英九比不上眼鏡蛇王

　　人類祖先來自非洲，但人類文明發展至今，非洲卻是最落後的一洲。曾被歐洲各國殖民統治、剝削了兩個世紀，很多人民仍生活在水深火熱中。故被稱為「黑色大陸」，不是因為非洲人的膚色，而是因為人民的貧窮、生命的黑暗。

　　不過，這些年來，尤其在曼德拉的英明領導下，南非脫胎換骨成為經濟、民主大國，並帶領其他非洲國家有樣學樣，快速發展經濟，並追趕民主，頗有斬獲。

　　近30年來，歐洲白人的殖民主義消失了，但中國崛起，需要大量生產資源，有錢可以使鬼推磨，在非洲撒大錢買外交、資源、影響力，形成新的、黃種人的殖民主義，引人側目。

　　南非反種族隔離鬥士、諾貝爾和平獎得主屠圖大主教(Archbishop Desmond Tutu)，2011年10月7日歡度80大壽，本邀請西藏精神領袖達賴喇嘛參加慶生活動並發表演說，但因為南非和中國經濟關係密切，在中國壓力下，南非未發給簽證，迫使達賴取消訪問行程。

　　之前達賴曾3度訪問南非，並得曼得拉的歡迎。這是達賴近3年來第2次被南非拒絕入境，邀請達賴來訪的屠圖

大主教痛批，這是南非「最黑暗的一天」。

中國大量投資南非，是南非最大貿易國，數10萬中國人在南非拼經濟，連黑道都被中國人控制。執政黨的非洲國家議會(African National Congress)，因為經濟利益，而忘了當年抗拒白人種族歧視、爭取自由民主人權的痛苦經驗，屈服於中國淫威之下，說其為南非「最黑暗的一天」，不為過。

贊比亞(Zambia)是非洲中部的一個內陸國家。與剛果、坦贊尼亞、馬拉威、莫三比克、津巴布維、波札那、納米比亞和安哥拉相鄰。

兩千年前，贊比亞本土人民就不斷被外來居民吸收融合，種族複雜，目前人口約1000萬。19世紀中期，歐洲殖民者和傳教士開始滲入贊比亞，掠奪該國豐富的天然資源。

1964年贊比亞脫離英國統治，建國正名為贊比亞共和國。贊比亞是撒哈拉南部城市化較高的國家，人口中約有一半居住在城市。2008年贊比亞個人平均所得超過1000美元，基本脫離世界最貧困國家行列，在非洲難能可貴。

贊比亞能脫貧建國並成為民主國度，原因1是英國殖民統治留下的政治制度和文化；2是擁有豐富礦產資源，包括：黃金、鉑族元素、錳、釩、鉻和矽鋁酸鹽的儲量居世界第1，蛭石和鎘居第2位，銻、氟石和磷酸鹽居第3位，鑽石、鈦和鋅居第4位，煤、鎳和鈾居第5位；3是中國因素，中國大肆投資開採它的礦產資源。

1964年贊比亞與中國建交。1970-76年中國花大錢援助建築坦贊尼亞—贊比亞鐵路(Tanzam Freedom Railway)。讓贊比亞的礦產經由坦贊尼亞的港口(Dar es Salaam)出口。加上多年來中國大量投資開發贊比亞的礦產資源，過去3年，中國在贊比亞投資約60億美元。當然開採的資源也大量廉價賣給中國，滿足中國經濟起飛的資源需求。

同時，中國人大量移入贊比亞，在贊比亞無孔不入，開銀行、農場、醫院、商店、飯店，行行都有，形成經濟帝國主義。

贊比亞獨立後的4任總統都親中國，與中國維持密切關係。第4任總統班達(Rupiah Banda)更是一面倒向中國。今年9月總統大選，班達競選連任，獲中國大量金錢支助，連競選宣傳品都是中國供應。他的贏算，根本無疑。

但是，就有一位不信邪的74歲老翁沙塔(Michael Sata)。這位仁兄年輕時曾在倫敦鐵路當提行李的工人(porter)。回國後參政，選了4次總統都大敗。

這次最後參選並不看好。但是他鍥而不捨，憑著單一競選政策訴求，大打反中國牌，竟打得轟轟烈烈。他反對中國肆無忌憚剝削贊比亞的資源，大罵中國人在贊比亞像蝗蟲，是騙子。他威脅，如當選要驅逐中國人，要對賣去中國的礦產增加25％的獲利稅(windfall tax)。讓中國跳腳。

他對中國大使當面說，他不怕中國，還說，「你們投資贊比亞應對贊比亞有好處。你們中國人要遵守本地的法令。」

　　大選結果，眞是人算不如天算，出乎意料，沙塔竟大勝。不僅在非洲、更在中國跌落滿地的眼鏡。

　　沙塔是天主教徒，主張《十誡》治國。在非洲，他被稱爲贊比亞的眼鏡蛇王(King Cobra)。對他這次的選勝，媒體標題是《贊比亞的眼鏡蛇王刺了中國龍》(Zambia King Cobra stings Chinese dragon)，眞傳神。

　　比起親中的大國，如南非、津巴布維，小國贊比亞的眼鏡蛇王大咬崛起中國一口，還眞是暮鼓晨鐘，令人驚豔。

　　台灣比起贊比亞什麼都好，台灣的個人平均所得是贊比亞的15倍，台灣的總國力比贊比亞更是高出30多倍。如此優勢，台灣的馬英九比起沙塔，還眞是有天壤之別，一個是敢咬中國的眼鏡蛇，一個是看到中國就要跪下磕頭的沒有骨頭的毛蟲。

　　世界有太多像南非的國家，是世人的不幸。台灣有馬總統，是台灣的不幸，台灣人的悲哀。很快台灣就要總統大選，希望蔡英文能像沙塔，敢向中國說「不」，把和班達一樣軟骨頭的馬英九拉下台。希望台灣人眼睛雪亮，把神聖的一票投給蔡英文，同樣大聲向中國、馬英九說「不」。

(2011.10.11)

# 馬英九得了權力瘋狂症

　　台灣2012年總統大選逼近，進入短兵相接，緊張、刺激，本屬常態。台灣雖經過4次總統大選、2次政黨輪替，應已是民主鞏固國度，但這次總統選舉，怎麼看，就是不符合一般民主國家的正常運作模式。

　　台灣有嚴厲的國家認同危機，是阿輝伯講的非正常國家。這次總統大選，馬英九領導的國民黨從開戰就是怪招、抹黑、奧步出盡，不像是執政的民主政黨。眼看情勢不好、選情告急，馬英九更是忘記身為總統應有的高度，而大打烏賊、抹黑、人身攻擊戰，黑泥四射，把台灣的民主政治搞得烏七八黑。

　　開始時大打關在黑牢的阿扁，打得無效了，打副總統候選人蘇嘉全的合法農舍，也無效了，打10年前蘇夫人參加朋友生日的猛男秀，還打毫無意義的「2元柿子」，又無效了，把3年來擺在經建會毫無弊情的「宇昌案」黑白講，無中生有，硬拗成可疑的弊案，鋪天蓋地，動用行政、立法、司法的政府公權力及泛藍媒體的第四權，人格謀殺蔡英文，就是要把她打成另一個阿扁。

　　連一向溫和的蔡英文都被激怒，2011年12月17日第2次總統選舉辯論前夕發表嚴正聲明，強調她一生的為人行

事清清白白，「宇昌」從來就不是弊案；蔡英文並質疑馬英九行政部門與立院黨團以變造的文件打擊她，這種惡質的選舉手法，比賄選買票更可怕。

她說，「我不會有任何的不安、也不會因此而動怒。我一生清白、內心坦蕩，沒有任何外在的風雨可以讓我感到懼怕。」但為了總統日後的歷史評價，請馬英九務必「懸崖勒馬」。

她表示，「你的心中只有選舉，沒有國家的大局，這樣的國家領導人，只會被人民唾棄。」「選舉是一時的，經濟發展是長遠的，台灣的民主是長遠的，請馬總統和國民黨停止傷害台灣的民主、停止傷害台灣產業的生機。」

蔡英文的聲明獲得翁啓惠、何大一、陳良博、楊育民等中研院院士、院長、名重士林的國際生技科學大師的認同、肯定。

馬英九的搭檔吳敦義都感覺沒效了，應換戰場，馬英九卻已殺紅了眼，瘋狂了，欲罷不能，在第2次辯論會中仍集中火力，變本加厲，大打「宇昌案」，打得聲嘶力竭、口沫橫飛，令人看得目瞪口呆。親民黨的宋楚瑜都看不下去，大喊「又來了！」

2011年底，世上兩位政治領袖去世，一位是人權鬥士、民主創建者、前捷克總統哈維爾(Vaclav Havel)，另一位是北韓暴君、獨裁者金正日。前者留芳萬世，令人永遠懷念。後者臭名昭彰，永遠被人唾棄。

哈維爾一生痛恨專制，追求真理、自由人權；金正日

一生獨裁專制、濫殺無辜，迫害自由人權。馬英九在兩者之間，比不上哈維爾的豐功偉業，卻也不像金正日那麼邪惡暴虐。在民主台灣，他應有智慧、志氣向上提升，學習哈維爾，而不是向下沈淪，向金正日的方向墮落。

如是，馬英九要是接受蔡英文的忠告，懸崖勒馬，終止烏煙瘴氣的「宇昌」爛戰，回歸民主政治的正規正道，打一場乾淨漂亮的選戰，提升台灣民主政治的格調、風範。

可惜，看來，那是緣木求魚。馬英九已被權力蒙蔽心智，權力瘋狂了，如瘋狗，非不停地狂奔亂咬，到精疲力竭，身敗名裂不可罷休。

西方有句諺語，上帝要人死，先讓他瘋狂。馬英九似乎正走向這條不歸路，可惜！可悲！

阿克頓的「權力腐敗」論，用在馬英九身上，雖不失恰當，但似乎嚴厲一點。季辛吉的「權力是最好的春藥」，用在馬英九身上，也似乎不太適當。他並不像老毛、利比亞的格達費、北韓的金正日或義大利的前總理貝盧斯哥尼(Silvio Berlusconi)，喜歡漂亮的女生。

日前讀到很多有關哈維爾和金正日的評論文章，很有感觸。覺得馬英九得的權力症候群不是權力腐敗，也不是吃太多權力春藥，而是權力中毒，為權力而權力追逐權力追瘋了，犯了權力瘋狂症。為了掌握權力，他已喪心失智，魔鬼附身，不擇手段，就是要爭奪、緊握權力不放。他得到的權力瘋狂症，和金正日、毛澤東、蔣介石、普丁

一樣，都無藥可救，令人怵目驚心。

　　蔡英文要跟馬英九理性問政，打一場君子之爭，已是不可能的任務。台灣人民要維護台灣國家主權，維持、提升台灣的民主政治，並發展台灣的高科技(生技)產業，讓台灣經濟永續發展，馬英九已不是台灣人民的選擇餘地，不僅不是可能選項，還已變成最大障礙、甚至危害。

　　為了台灣的民主前途、人民的幸福，114總統大選，台灣人民的選擇黑白分明，清清楚楚，選權力瘋狂的馬英九，台灣一定向下沈淪，經濟發展無望，民主倒退嚕，國家主權失落，甚至走向亡國之路。

(2011.12.25)

# 選輸了「引清兵入關」？

寫完「馬英九得了權力瘋狂症」，發表在《南方快報》，寫時因電腦軟體換新不順手，寫得潦草，論述不周延，朋友讀後指出疑問，需澄清。

文章指出，台灣因為國家認同危機嚴重，不是正常國家。又因國民黨一黨獨大，台灣的選舉不公平，台灣民主政治運作不符合民主政治原理原則，也是不正常的民主國家。但是我又說，有了4次總統選舉、2次政黨輪替，台灣已是民主鞏固國度。顯然有論述邏輯矛盾之處。

根據民主學理論權威杭廷頓、戴阿蒙(Larry Diamond)等的說法，民主國家經過公平的選舉、政黨兩次輪替、和平政權轉移後，該國就算民主鞏固。因為根據歷史驗證，世上近百個民主國家(政府)，經過上述民主鞏固程序後，都沒有專制復辟、倒退嚕、變回專制國家的經驗。

根據此論，台灣已是民主鞏固國家。但是，怎麼看，尤其是2012年114總統大選，馬英九動用龐大國民黨資源、立法、司法、行政國家公權力、及媒體第4權的威權競選模式，台灣都不是民主鞏固的正常國度。

還有，我把馬英九的權力瘋狂症與毛澤東、蔣介石、金正日、格達費、普丁等獨裁者相提並論，但又暗示馬的

病情沒那麼嚴重，只是向金正日傾斜，還沒瘋狂到像毛、蔣、金等濫殺無辜、剷除異己的殘暴程度。

朋友問：馬英九已權力瘋狂，114如選贏也許沒事，如選輸，1月到5月有4個月的空窗期，他不會瘋狂病情加劇，用盡奧步，甚至像2004年連戰一樣製造動亂，更宣佈戒嚴、發動政變、動用軍隊，不擇手段，就是要抓住政權不放，甚至專制復辟，回到兩蔣戒嚴統治時代？

真是大哉問！問得好！我寫《瘋狂症》時認為不會。我認為，馬英九不僅比不上老毛、老蔣、老金，也比不上普丁。他中了權力瘋狂症，但我一向看扁他，認為他無能、無力、無膽、無識，要像毛、蔣、金之輩的梟雄人物，那麼極端權力瘋狂、獨裁專制，把暴虐政權運作得淋漓盡致，還真力有不逮，他的權勢功力還差很遠。

這幾天想來想去，我還是認為他瘋是瘋了，但權勢能力差很大，出手要又瘋、又狠、又準、又重，不容易、不可能。還有，台灣民主鞏固還是實質存在，人民力量不容忽視。台灣人的民主修為，雖淺薄，但不會讓馬英九為所欲為。

不過，我再想來想去，想到台灣不是正常民主國家，馬英九不像阿輝伯認同台灣，他的國家認同是中國，他的意識型態是大中華、大一統的民族主義，他反台獨、反民進黨、反扁、反蔡英文的心理，淵源深長、根深蒂固，他是國民黨的「太子黨」，反民主的專制心態，和北京的太子黨一樣，也是根深蒂固，有其2000年東方專制文化的DNA。

　　馬英九口口聲聲說，既使他執政8年，也不會和中國談統一，實現他的終極統一願望。問題是，即使選勝，他都不一定遵守諾言，如選敗，他的權力瘋狂可能繼續發作、變本加厲，不願、不能放棄權力的滋味，加上他的大中國民族主義推波助浪，迷亂心竅，瘋得超過，又不知量力，而當吳三桂引清兵(共軍)入關(入侵台灣)、完成中國統一大業的可能性，雖非必然存在，但隱隱約約，似有似無，令人感覺不安，無法漠視。

　　還有，中國則根據2005年制訂的「反分裂國家法」，以台灣內部動亂為由揮兵入侵，統一台灣，理直氣壯、出師有名。

　　這個情節(scenario)一樣雖非必然但可能，我們豈能忽視。

　　尤其去年北京重判民主鬥士劉曉波以來，眼看中東、北非「茉莉花革命」星星之火燎原，中南海風聲鶴唳，四面楚歌，大肆鎮壓人權、民運、藏獨、疆獨。最近，胡錦濤不停捕捉民主人士、如陳西、陳衛、高智晟等，被判重刑。只寫文章都被重判9年、10年。

　　如是權力瘋狂的政權，有什麼他們不敢作？這樣的北京領導人，倘若馬英九選敗，與他們海峽兩岸相互呼應、運作，發動政變，阻止台灣和平政黨輪替，不讓蔡英文和平執政，誰敢保證一定不會發生？如上述，這雖仍非必然，卻也越想越有可能、越令人毛骨悚然。

　　這是我寫《瘋狂症》時沒納入的重要考量。其實，馬英九大力推動總統提前3個月、與立委合併選舉時，

很多有識之士已提出疑慮。但還是有很多台灣人不以爲然，無知、無感地說，「馬英九不會吧！」、「中國不敢吧！」、「你們過慮了！」

2011年12月15日，阿輝伯和彭明敏教授領導的「台灣公平選舉國際委員會」成立，目的就是要引起國人的警惕、國際的注目，不讓上述專制復辟夢魘發生在民主台灣。可謂用心良苦、未雨綢繆，爲了維護先人犧牲奮鬥得來不易的自由民主人權，2300萬台灣人民應該深深覺醒、警惕，堅決不讓馬、胡聯手毀滅台灣的政變得逞。

大選只剩幾天，馬輸蔡贏越看越可能，上述最壞的政變情節也越看越可能。台灣人民一定要大力支持李、彭兩位快要90歲的民主先生苦心孤詣創建的「台灣公平選舉國際委員會」。不過，我認爲這還不夠，台灣人民更要有所覺悟，如果他倆老的和平民主呼籲還不能遏阻馬、胡聯手的專制復辟、滅亡台灣，像「茉莉花革命」的阿拉伯人，要有人民革命推翻馬家政權、重建民主台灣的決心和準備。

這不是杞人憂天、也不是危言聳聽，而是現代文明發展仍難逃避的命運挑戰。

本文寫完，《壹週刊》報導，馬英九的國安會動用調查局情蒐蔡英文的競選活動，比尼克森的「水門案」還要惡劣。尼克森也是犯了權力瘋狂症才會搞「水門案」。馬英九搞「國安門」，顯示他的權力瘋狂症在惡化，實在令人憂心。

(2012.01.08)

# 馬英九的歷史定位

有一定的權謀設計，馬英九把2012年總統大選提前，與立委選舉合併，於1月14日舉行。馬英九以51.6%選票得勝。馬上宣布，他再也沒有連任選舉壓力，但有歷史定位壓力。

一變臉，他不僅把「一中各表」推進到「一國兩區」，把台灣香港化，還把他選前為了選票騙人的油電凍漲、瘦肉精美牛禁止進口、不復徵證所稅等攸關民生的重大政策，一竿子推翻，不管民怨沸騰，橫柴入灶，蠻幹，就是要油電雙漲、美牛進口、復徵證所稅。政策推動又荒腔走版，朝令夕改，變來變去，毫無章法，全國雞飛狗跳，亂成一團。

以美牛案為例，合理了解的是，大選中美國支持馬連任，代價之一就是美牛進口。選後，要付「後金」，硬要讓美牛進口，馬英九還是硬拗，「沒有預設立場、沒有時間表、沒有對美方做任何承諾」。情勢急速惡化，全民都要造反了，他才危機控管，承認美牛進口「有預設立場、有時間表、有對美方做承諾」。馬英九的誠信澈底破產。

還有，大選期間操作「宇昌案」打蔡英文有功升官的財政部長劉憶如，為馬英九推動證所稅受挫、被棄車保帥

而憤然辭職,成為台灣任期最短的財長。

520就職前夕,馬英九的民意支持度暴跌到慘不忍睹的15%,沒上任就已大失民心,跛腳,在當代民主國家,絕對史無前例、也應後無來者,是破金氏紀錄的曠世奇聞。

屋漏偏逢連夜雨,2012年七月初,爆發震撼全國的行政院秘書長林益世的收賄、索賄弊案,把馬英九搞得灰頭土臉、馬政權分崩離析。林益世是馬英九一手培養、提拔的青年才俊、國民黨的明日之星,屬馬團隊的核心人物。和馬英九一樣,林益世滿口清廉,更是罵阿扁罵得最兇的急前鋒。他的弊案不僅破壞了馬英九的清廉形象,更凸顯了馬英九的用人不當、執政無能,實在是一位很糟糕的政治領導人。

8月底,林益世案有野火燎原之勢,在哈爾濱召開的第8屆「國共論壇」,中國政協主席賈慶林拋出「大陸和台灣同屬一個國家」的「兩岸一國」論,等同否認了馬英九的「一中各表」,啞巴吃黃蓮有苦說不出,馬英九沒有回應、反駁,等同默認。台灣國家主權再次嚴重流失。

馬英九當台灣總統不到5年,證明他治國無能,連一直拍他馬屁拍得令人作嘔的監察院院長「王聖人」都看不下去,說馬英九的歷史定位已定:那就是「無能」。

他無能又要歷史留名,很危險,唯一可能做的就是中國統一大業。他的這個歷史夢要是作得抓狂,可能「引清兵入關」,造成台灣的終極悲劇。

9月19日，適值民怨狂飆、在野黨發動倒閣之際，馬英九著手政府人事改組，由於幅度之大、布局之深及出手時機，為連任後首見，因此震撼台北政壇。

國安會祕書長由現任駐美代表袁健生接任，駐美代表一職則由前國民黨祕書長金溥聰出任。外交部長楊進添轉任總統府祕書長，職缺由駐歐盟代表林永樂接任；陸委會主委賴幸媛外派接任WTO大使，國安會諮詢委員王郁琦接掌陸委會；海基會董事長江丙坤請辭獲准，由國民黨祕書長林中森接任，遺缺由身兼國民黨副主席的總統府祕書長曾永權轉任。

馬英九沒有因應高漲民意要求重組經濟內閣，卻急忙推出新的外交、國安、中國政策領導團隊，彰顯兩個歷史定位意涵：

1. 是他的ECFA經濟政策已失敗，他已無能拼經濟，只能瞪著眼睛看台灣的經濟納入「一中市場」任中國宰割，並吊車尾，在亞洲成為經濟成長最落後的國家，不僅在4小龍中墊底，甚是落後其他新的小龍，在印尼、泰國、菲律賓等之後奄奄一息。

2. 是，要以ECFA創造新的經濟奇蹟歷史定位已無望，馬英九抓狂，更要留下他和老爸夢寐以求的「終極統一」歷史定位。雖然他知道要「終極統一」的現實條件還沒有，歷史時刻還沒到，但他要製造統一條件、氛圍、契機，要在未來3年多的任期中和中國展開政治談判、簽訂「兩岸和平協議」，讓台灣納入「一中」、「一國」的統

一軌道。

這才是他最想要的歷史定位。統派有人拍馬屁，如果馬達陣，和北京簽訂和平協議，可望拿到諾貝爾和平獎。

所以，不照牌理發牌，他推出毫無經驗的親信金溥聰、王郁琦出掌兩大要職，就是要當他的左右手，像「三劍客」，三劍合一地打他的歷史定位大戰。

馬英九要用金溥聰去華府安撫(唬弄)美國人，要王郁琦展開接觸、連接北京。其他新任首長、包括兩大秘書長和海基會董事長，則都是配角，與金、王配合，推動馬的歷史使命。

問題是，三劍客爲亞瑟王(King Arthur)舉劍打天下，是「講古」(historical fiction)。馬英九的三劍客面對1600顆威脅台灣的飛彈，應該保護台灣的自由民主人權，是嚴峻的現實。馬英九要和專制中國政治談判、簽訂和平協議，歷史留名，怎麼看都是不可能的任務。

馬英九要和北京談和平協議，是根據已經停打半個多世紀的中國國共內戰。今天，中國還是共黨專政，台灣已成民主，國民黨不再一黨專政，兩邊要黨對黨國共談判，已不可能。兩邊又堅持「兩岸一中」、「兩岸一國」，要ROC和PRC國與國談判，變成「兩中」、「兩國」，PRC絕不答應。

馬英九要談、要訂和平協議，唯一可能就是「一中」也好、「一國」也好，都是PRC，絕不可能是ROC。如是談成的和平協議必然是ROC的歷史終結，馬英九成爲

ROC的終結者，是ROC的漢奸也是台灣的台奸。既使在中共撰寫的中華民族歷史裡，他能否成為民族英雄，恐怕也還難定論，中國歷史對叛將、降將從來沒有好評過。

　　當然，台灣2300萬人民，再呆瓜也不可能那麼容易就讓馬的當台奸，出賣台灣。不信，他試試看！

(2012.09.28)

## 第五輯　結語篇

　　日本明治維新的思想家福澤諭吉，創立慶應義塾大學，啓蒙日本國民的獨立思想，建立現代化的日本國，他的中心思想就是「要有獨立的國家必需先有獨立的國民」（《勸學篇》），主張「脫亞論」，批判儒教，打倒尊儒的德川幕府。

　　司馬遼太郎寫《坂上之雲》，一再強調的就是福澤的「獨立國家先要有獨立國民」。

　　把2006-2012年寫的雜文集成《南方論述》，主題很多、雜亂，很難作結論。

　　如果大而化之，硬要理出一個簡要主軸，可以這樣說：台灣400多年來，經過荷蘭、鄭成功、滿清、日本到中國國民黨的殖民統治，台灣人的被殖民化心態根深蒂固，雖有阿輝伯和阿扁20年的打拼，建立台灣的獨立國民，略有成就，但馬英九4年的再中國化殖民統治，台灣人的獨立國民精神大量流失。再4年，可能消失殆盡。

　　對台灣，我當然還沒絕望，但無法對台灣獨立國家的前景樂觀。

　　想來想去，還是以我2012年總統大選後的悲觀回憶，作為這本論述的最後一章。為此，深感無奈、哀傷。

# 我的最後投票

2012年台灣大選，是我40多年來呼喚、支持台灣主權獨立民主化的里程碑。選前，我就決定這是我的最後一戰；小英贏，我悄悄遠離；她輸，我也默默走路，不再插手台灣政治。

我和蔡英文隔了一個世代，有代溝，本就無緣，連面都沒見過。但我大力支持她，因為這幾年的旁觀，我同意彭明敏教授的看法，蔡英文是一位雖非千年卻也百年難逢的優秀領袖人物。她的智慧、知識、能力、為人、作為都非常好。

我也同意老友老康(寧祥)的說法，蔡英文是當今台灣最適合領導台灣向前走、走出康莊大道的領導菁英。她和台灣可謂天作之合。

我們看法一樣，認為小英會贏。其實世代隔絕，她的贏已與我無關，不過，會是我的最佳離別禮物。她贏，我會快樂退隱山林(澳洲河邊小屋)；她輸，我會無限悲傷，但也只能寂寞遠離台灣，回到澳洲，安度晚年，不再理睬台灣的民主發展、國家認同的終極抉擇。不是我不再關心，而是我已江郎才盡，無能為力，而有「天要下雨、娘要嫁人」的無奈(老婆月琴不喜歡老毛的這句話)。

　　40多年來，我雖沒有像台灣民主運動的前輩、先烈，為台灣出生入死，流血流汗，但也盡心盡力，盡了一個長年流浪海外、愛台灣，但只會讀書、教書、寫書、有心卻無力搞革命的「臭老九」(又是老毛的話)，能做的只是推動台灣民主化、國家主權化的論述、吶喊、助陣工作。

　　選後去日本日光看東照宮的三個猴子(勿視、勿聽、勿言)，倒真是我如今的心靈寫照。回去投票充滿希望，小英敗選，非常失望，對台灣前途非常悲觀，深感作為台灣人的悲哀。

　　我仍深深愛台灣，會繼續支持台灣的民主發展、主權建構，但不再回去投票，不再參與台灣的民主制度運作。為此，我需做個大選後心路歷程的回顧、反思，對自己作個歷史交代。故簡要論述如下：

　　雖然好友盧孝治一再催促，要我早回去，去桃竹苗的客家莊助選。但我有自知之明，知道已年老、過時，不再賣座、有票，不再敢上台助選，不能再為民進黨候選人爭取選票。

　　所以，投票前1週才趕回去。只為桃園立委候選人鄭文燦在龜山助講一場，講得很糟，還說出：「不像馬英九死了燒成灰他都是台灣人，我死了燒成灰是澳洲人。」這是一句反諷、自我解嘲但也道盡辛酸的誠實的話，但一定沒人聽懂，感動。

# 彭教授和南方朔

選前，看到蔡英文的3隻小豬掀起的熱烈旋風，席捲全國，勢不可擋，又看小英越選越勇、越堅強、越有自信，越選越幽雅、雍容、穩重，越有大將風範、總統格局，和很多綠營朋友一樣，我越看越滿懷歡喜和希望。

這些年來，我最喜歡、最尊敬彭明敏教授，不僅因為他提拔我、照顧我，而是我們兩人對台灣主權、自由民主人權、世界局勢、國際政治看法常常一致，有很深的共同理念和理想。

這次回國投票前不久，聽到彭明敏教授說，他年紀大了，大概看不到4年後的總統大選了。我和月琴聽了都很難過，還寫信要他以後不要再講那麼傷感的話。

選前彭教授語重心長，撰文推崇小英，感性地描述：在一個前政治犯的集會中，「小英上台時，一老先生，拄著枴杖步履蹣跚，走到台前，一言不發，將一小紅包塞進小英手裡，轉身慢慢走回。不久，又有一老婦人，衣著樸素，彎腰駝背，緩步到了台前，也不發一語，把一紅包塞給小英，一步步走回原位。這個光景，使得不少會眾感動流淚，當張炎憲教授說『在這些老輩的眼中，小英好像自己的女兒』時，腦裡湧出一個『台灣的女兒』的映像。」

彭教授說：「走過複雜痛苦的歷史，台灣人民終於產生了能夠在世界的舞台上驕傲地代表『真正台灣』的一位女性。她土生土長，身藏河洛、客家、原住民的基因，受過最高的教育，競選總統則與過去不同，不咆哮、不怒罵、不誇張、不做作、不悲憤激昂，一口流利的台語、華語和英語。」

他繼續描述：「她所以有獨特的魅力，因為不是強悍辛辣的女暴君，而是代表台灣女性傳統的溫和柔情，對於支持者，諄諄講理，對於反對者，冷靜辯駁。她之認同台灣，與人民命運相同，自自然然，理所當然，無需用『燒成灰也是台灣人』一類血腥虛勢來掩飾『終極統一』的陰謀。」

這跟我的印象一樣，就是我支持小英的理念根據。這次大選最讓我驚喜、欽佩的則是政論家南方朔。他在《新新聞》週刊發表論述要棄馬挺蔡。他說：「長期以來，在政治傾向上我都是偏藍的改革派，但經過國民黨執政四年，我的失望愈來愈大。因此這次大選我挺蔡不挺馬。」

他批評馬英九，「他祇是懂得在既有結構中鑽縫隙搞點小權謀的普通靈巧型政治人物。他缺乏一個政治領導人最重要的核心價值。」

他說，「任何人都知道北京說的九二共識和馬團隊說的九二共識完全不一樣，因此馬用九二共識來嚇唬台灣人民，乃是一種非常不道德也不應該的態度。馬政府有個伎倆，那就是用中共來嚇台灣人，用台獨來嚇北京，他就可

以撿到便宜。」

他還指出，「南韓的汽車等都已成了世界頂級企業。但與李明博同時上任的馬政府在自主發展上毫無成績，台灣過度仰賴大陸市場，已擴大台灣的空洞化，就業條件、工作機會加速減少。馬政府的經貿數字是以台灣人民利益的損失爲條件。」

他嚴厲指責，「一個堂堂元首要談的應該是國家及人民的願景，而馬團隊談來談去就是扁案及影射，要不然就是用北京來嚇唬台灣人民，堂堂領導人而成了『恐懼販子』(Fear Monger)，人們怎麼可能同意？」

1970-90年代，南方朔和我都在台灣、香港等地報章雜誌寫政論文章，他的文章寫得比我好，深沈有力、理論紮實。我和他曾一起開過會、吃過飯，也算朋友。不過，最近10多年來，他的偏藍立場與我對立，兩人不再往來。所以，他這次選前棄馬挺蔡的決定，是學子良知大是大非的勇敢抉擇，特別令人驚訝、敬佩。

# 小英不贏也難

　　1月11日清晨回到台北，12日被彭教授邀請去參加他主持的台灣公平選舉國際委員會的晚宴，在國際展覽館席開400多桌，4000多人出席，場面浩大、熱絡。令人對小英選情更為樂觀。

　　同一天，前中研院院長李遠哲公開上台挺小英，說出感動人的話。兩天前，李遠哲領銜的87位科學界人士、包含23位中研院院士，在主要平面媒體刊登《科學家的良知、蔡英文的承擔》聲明，強調蔡英文值得信賴，應該還給蔡英文公道，別讓『宇昌案』抹黑決定台灣的未來。

　　11日，剛開刀不久、身體還非常虛弱的前總統阿輝伯，想到自己的健康情況，不適合在戶外公開替蔡英文站台，決定以刊登廣告的方式挺小英。阿輝伯在《自由時報》、《中國時報》、《蘋果日報》等7家報紙刊登《給台灣一個機會》的親筆信，闡述台灣的「民主」內涵，呼籲台灣人民「支持蔡英文，是給台灣一個機會，也是給自己一個機會」。

　　13日選前夜造勢大會，20萬人擠爆板橋廣場，阿輝伯出人意外帶病上場為小英說話。他說得很賣力，很大聲，卻又很有情，溫情四溢。講後老人家用顫動的雙手溫柔地

擁抱小英，有如爺爺抱孫女，那幅場景不知感動多少有台灣心的台灣人。

阿輝伯向全國鄉親問好，並說，最近想出來與大家一起為台灣前途打拼，無奈身體不太好，但看到國家退步，就算在家休息，心也沒有辦法休息。今天不管他人如何勸戒，一定要站出來，跟大家一起，與大家拼最後一場，因為這一場不僅是蔡英文要贏，是台灣一定要贏。

阿輝伯說，「我已經90歲，給日本管過、給國民政府管過，看過台灣土地上的人，不管哪裡來的都是吃苦，因為我們大家共同在這塊土地打拼，經濟才好起來，才能選自己的總統，希望代代子孫都可以在這裡發展，做幸福、有希望的台灣人、做驕傲的台灣人。」

他表示，大家要用選票，選我們的希望、選我們的未來，我們要相信自己、相信蔡英文，蔡英文可以帶領國家實現希望。他繼續說，他身體不好，什麼時候會離開不知道，未來就要靠「你們自己大家打拼」。

最後，他呼喚，「我李登輝這輩子今天是最後一次，向大家拜託拜託，多謝大家！台灣要交給你們囉！」

彭教授、阿輝伯兩位「台灣之父」、「民主之父」對小英說的話，應該感動所有台灣人。我無法說出那麼動人的話，但有同感，故在此長篇引述。

小英掀起的3隻小豬旋風橫掃全國，她的拜票、造勢活動，到哪裡都是人山人海，10萬、20萬的人民湧入大街小巷、街頭、廣場，吶喊「小英凍蒜」，響徹天際。人民

的熱情燒紅、燒遍寶島山河大地。

有人說，小英不贏也難。小英必贏的想像，傳遍海內外台灣人的每一個角落，有如七彩天虹，令人驚豔，令人期待。

反看馬英九，在電視辯論上，他氣急敗壞，用聳動、激烈、扭曲的語言攻擊小英，硬要把她打成另一個「阿扁」。蔡英文卻不為所動，理性穩重、條理分明地應對。選前馬英九方寸大亂，早上突然提出簽訂兩岸和平協議，晚上就趕緊加上公投議題，給人的感覺是他在野、小英在朝，他選得很辛苦，手忙腳亂，她選得得心應手，士氣如虹。「他輸、她贏」的氣氛，很多人都感覺到。

選前看到的訊息、民調、評論，大都看好小英。民調雖有起伏，但在五五波之間浮動。連藍營政論家、如趙少康、王健壯等，都認為根據過去經驗邏輯推論，如是民調，馬輸蔡贏是合理的結論。

國民黨內冒出的「含血、含淚、含悲」投票之聲，一樣傳出馬英九選情並不樂觀的信息。

我也大致得到類似看法，雖然我們都知道，國民黨絕非省油的燈。

# 老婆鬧要回家

投票日，我的學生范盛保博士載我和月琴回苗栗，中午吃完喜歡的「邱家」粄條後，去玉清宮投票，看到廟門上電視螢幕播送政府政策宣傳節目，讓人有替馬英九政策買票之感，我感覺不舒服。

我們兄弟當然都投小英的票。投票後，我和盛保、老婆3人北上板橋小英競選總部。下午4點投票結束、開票，一開始馬英九就領先，6點多馬贏蔡輸的趨勢已明顯浮現。盛保怕我們太難過，勸我們回家。

在盛保姊姊家看電視，直到馬宣布勝選、蔡說完敗選的話，才和老婆無言關掉電視。默默無言，呆呆地坐在沙發上，老婆突然說，「我們回澳洲吧！」「馬上回去！」

面對廣場上數萬雨中哭泣的擁護群眾，蔡英文的敗選講話像競選時一樣，平靜、理性、溫和，沒有不平、怨氣，更沒怨恨，也沒失態、失志、失言，只有堅強卻又溫柔的接受，並安慰、鼓勵支持她的609萬選民不要傷心洩氣。

馬英九在他競選總部向藍營群眾發表勝選演說，他得意洋洋，高舉雙手成勝利手勢，大喊：「我們贏了！」並得意地說他的政策被選民肯定、證明是正確的。他好像忘

了有650萬(包括宋楚瑜30多萬)、近一半(49%)的台灣選民沒投票給他，不認同他的理念、政策、作為。

投票前，我們充滿希望、樂觀，認為小英會贏。投票後輸了，我們非常失望，深感無奈、無力。便想遠離台灣是非之地，讓台灣人民決定要作中國人還是台灣人。我已不可能、也不應該再想影響台灣人民的命運抉擇。

月琴鬧要回澳洲，卻找不到機位，只好根據原定計畫和孝治全家遊日本。在日光、東照宮、中禪寺的雪地裡，我們心靈雪白，暫時忘記了台灣的風風雨雨。在千姬物語和四季彩洗溫泉，更是洗滌了不少台灣帶去的人事風塵和污垢。當寒雁叫聲劃破長空，月琴想到小林一茶(Kobayashi Issa, 1763-1827)的徘句：

　　且勿哀啼，野雁
　　四方無異
　　這瞬逝的世界

東京也下大雪，走在清澄庭園、六義園裡看雪景，一樣心靈潔白。不過遇到關心台灣的鄉親，談話還是聚焦在總統大選，一談就是無盡的感傷、失望和無奈。

在那迷人的雪地裡，回想過去40多年的「台灣夢」，真是不堪回首。

1970年代初，年輕氣盛，一頭栽入台灣黨外運動，和老康、信介仙、陳永興等混在一起，替他們上台競選立

委，替老康的政論雜誌寫文章，口氣、火氣都很大。因
《台灣政論》事件被國民黨列入黑名單，雖是小case，卻
也深感生為台灣人的悲哀。不過，事後心裡也有「與有榮
焉」的莫名快感。

# 還是見了老朋友

　　1980年代能回去了，還是「本性難改」，就是要和國民黨作對。老康、張俊宏、蘇貞昌、呂秀蓮、葉菊蘭等的縣市長、立委補選都不缺席，都上台助選，爲台灣的民主吶喊。1990年，我也和野百合學運的年輕學子坐在中正紀念堂示威，要求廢除萬年國會，並參加阿輝伯召開的國是會議，支持總統直選。

　　1996年台灣第一次眞正的民主總統大選，我和澳洲的同鄉出小錢、出小力支持彭教授和謝長廷。之後2000、2004年一樣出小錢、出小力，支持阿扁和呂秀蓮。兩次險勝後，我都想見好就收，心想年紀大了，腦袋退化、不管用了，有心也會無力。還有，也自我安慰，30多年來爲台灣的自由民主、國家主權獨立，唐吉訶德打風車式地呼喚、奔走，阿扁驚奇選上，可算「大功告成」，我可退隱山林。

　　但是，2008年總統選舉，雖明知希望不高，就是放不下，還是把布里斯本的幾位老戰友(陳春龍、盧永吉、陳博文、陳文龍)召來，再出小錢、出小力，又戰一場。3月22日投票，大敗後，我和老婆關在忠孝東路旅館的房間裡，失望、傷心，連7-Eleven買來的sushi都吃不下。那天是我們

結婚44週年紀念日，我們沒有慶祝，沒喝酒、沒吃飯。

我和彭教授、阿扁、呂秀蓮、謝長廷、蘇貞昌都算是朋友，和蔡英文及蘇嘉全則不認識，沒交情，有代溝。2012年選前，看到小英帶領民進黨從無到有，從無望的深淵谷底，很快就爬到3隻小豬旋風席捲全國、充滿朝氣、動力、希望的高峰。真是新氣象、新願景、新世代、新台灣(Taiwan Next)。

我因而又心動，再燃希望之火，手癢癢的，再想出手一搏。我已沒有力氣像唐吉訶德打風車，只好又把布城的老朋友當提款機。我們都老矣，本已心如止水，但都愛台灣，都被3隻小豬感動。我們見面一談，一致通過，再戰一場，卻也同時同意這是我們最後一戰。

我們10月中旬才發動。一動手，我們就為小英籌到了預定的募款。雖仍是小額捐款，卻也是我們16年來為台灣總統選舉捐出的最大小額捐款。我非常感謝台灣同鄉的熱情支持。

選前我有自知之明，只能出錢不出力，所以，拖到最後幾天才回去。回前也決定不讓台灣的老朋友知道，連呂秀蓮都沒告知。不過，一直有和彭教授聯繫，不讓他知道不禮貌，故也沒禮貌地向他下帖：如小英贏，要請他和幾位老朋友(李筱峰、范姜提昂)吃飯慶祝，如輸就不見面、不吃飯。

對很多其他朋友，同樣想法，如贏會見面，如輸誰也不見。結果，孝治大嘴巴，讓呂秀蓮知道，話又傳到老

康，還被呂副總統臭罵一頓。

1月11日飛回台灣，當晚就說了「死後成灰是澳洲人」的話。12日晚參加彭教授的台灣公平選舉國際委員會的4000人晚宴，知道彭教授先前曾生病住院。

13日中午被老康叫去談選情。見到多年沒見面的老朋友林嘉誠和陳清喜。嘉誠1990年和我一起在老康的《首都早報》寫社論、編言論版。清喜1970—80年代在《聯合報》當記者時就認識，曾駕車陪我全國跑，看選舉，我替《聯合》寫選情報告。

老康很樂觀，對小英讚美有加，非常看好。他看小英和彭教授相似，都認為她是難得的英才，有原住民、客家、河洛血統，真是「台灣之女」。在當今台灣政治生態、歷史時刻上，小英是唯一最能夠、最適合領導台灣邁向光明前途的理想人物。

選後，1月18日，老康再請我午餐座談，請來了1972年白色恐怖年代爆發的台大哲學系事件主角李日章教授、1972年發表《小市民心聲》的孤影(敏洪奎)及前南投縣長彭百顯。

李教授曾和我一起在《首都早報》打拼。我曾嚴厲批評孤影的《小市民心聲》，認為他是替國民黨專制政權意識型態辯護得最荒腔走板、最反動保守的御用文人。多年後，我們在新加坡見面，他主動向我表示他支持自由民主、反對國民黨的專制獨裁。2000年大選後我回國執教淡江大學，他也回國定居，常和我聯絡、給我很多寶貴意

見。彭百顯選立委、縣長，我曾替他助講。他因(冤)案下台，曾向我苦訴冤屈。

我們選前、選後對小英的看法沒變，對她敗選的理由看法也大致相同。但是，對馬英九勝選對台灣前途的影響，見解卻南轅北轍。

我認為，無後顧之憂，又想留名青史，馬英九將更大膽西進，更向中國傾斜，更落入「一中」陷阱，不能自拔。台灣民主前途會更黑暗，獨立建國更無望。

我也認為民進黨這次敗選，未來4年國民黨將更大權在握，更霸權、霸道。民、國兩黨掌握政經社會資源的差距將更拉大，民進黨要挑戰國民黨、奪回政權，必將更難。

李教授和孤影同意我的看法。老康不同意，認為我太悲觀。彭百顯在中間，看我對老康火力全開，盡量替老康說話。

老康一向樂觀，又提出他多年來對台灣前途樂觀的「杯子論」：台灣的「杯子」半滿半空，已難能可貴。他要我們不要只看空的半杯，要看滿的半杯。

老康的看法是，半杯滿了，另外半杯遲早會滿。我的悲觀看法是，這次大選後，不只空的半杯很難添滿，在馬英九未來4年的親中政策下，滿的半杯也會快速流失，台灣杯將空無一物。

前副總統呂秀蓮是我的好朋友，有人說我是「呂系」(以前有人說我是「康系」)。1979年「美麗島」事件，她被關入

黑牢，吃盡苦頭。出來後，生病要去美國醫治，並去哈佛大學深造，我曾稍微幫了一忙。她回國競選立委、縣長、副總統，我都大力助選(盧孝治當司機當到現在)。

2001年我回淡江大學客座，呂秀蓮籌組台灣心會，我被拉去當創會理事長，認識很多學界菁英。2002年我被阿扁任命為無給職國策顧問，2003年呂秀蓮推薦我當有給職國策顧問，我婉拒。2004年她又推薦我當國安會諮詢委員，我也婉拒，還被阿扁虧了一頓。

呂秀蓮是我認識的IQ最高的才女，愛民主，愛台灣，敢作敢為。雖對人有情有義，但EQ不高，愛講話，常得罪人。2000年被阿扁提名副總統候選人前，我曾在《自立早報》寫文章，說她絕對是適當人選，但也說她孤傲，不好相處，也被她虧了一頓。

對另外一位IQ也很高的才女小英，呂秀蓮和我看法不同。所以，這次回台前不讓她知道，選後小英如輸也不想見她。但因孝治透露風聲，讓她知道。她1月17日在長春路的「蓮香」素菜館擺鴻門宴，請來老康、吳榮義、黃天麟、施正鋒、彭百顯、張貴木、盧孝治等老朋友陪吃。

很高興見到這些老朋友，但我們間有支持、也有反對小英的。面對呂秀蓮，大家心照不宣，卻也心情怪怪的。「蓮香」的素菜好吃，卻吃得有點莫名的苦澀。

# 小豬打不贏大怪獸

在專制國家，成王敗寇是不變的政治定律。在民主國家，成王敗寇雖不再如是鐵板一塊，嚴厲、殘忍，卻也依然存在，也是政治常態。選贏可以找到100個勝的理由，選敗更很容易找到100個敗的理由。選贏可以「我們贏了！」大吹特吹，耐他不得。選輸了，千夫所指，大家罵，也要謙卑接受，更要嚴肅檢討那100個理由，還要強顏微笑，提出反省、革新、重生的理念，向前邁進。

我同意高雄市長陳菊被推選為民進黨代理主席後說的話：「敗選有一千個理由、一千個原因，只有謙卑檢討，才能從挫敗中成長，縱使黨內有各種聲音，但大方向一致，就是珍惜民進黨，讓台灣更進步。」

小英敗選當然可以找到100個理由。我的老朋友呂秀蓮就寫了萬言書，《民進黨大選的焦點與盲點》，對小英大批特批。

我也可以找出一籮筐的理由，但我不要，因為歷史宏觀地看這次總統大選，我認為：小英是這次總統大選民進黨最適當、最有力、最有希望勝選的人選。她已盡了最大努力打這場戰，打得轟轟烈烈，精彩萬分。

我認為，小英打敗的主要原因是，這次大選真是1場

小豬與怪獸、小孩與巨人的戰爭，不對稱、不平等、不公平、不民主。

台灣民間流傳的「選舉沒師傅(撇步)，有錢就有」，很對。國民黨黨產千億，組織龐大，長期深耕基層，經過各種政經社會組織，盤根錯節、上山下海，連接、控制全國各地的樁腳，建構嚴密的鐵票系統，根深蒂固，牢不可破。更有長期黨國不分、動用政府資源的執政優勢、政策買票。還跟大企業、大財團、大富翁、大黑道和黑金形成共存共榮的生命共同體。

還有，中國過去文攻武嚇無效，這次「九二共識」經濟恐嚇牌大肆揮灑，最後威脅利誘，搬出王雪紅、張榮發、郭台銘等紅頂大企業家，經濟威脅台灣人，得逞。

南方朔看到了，我們也看到了、但是，我們都低估了它的殺傷力。「笨蛋！是經濟！」(美國前總統柯林頓的話)的至理名言，我們都忘了。到頭來，阿輝伯、李遠哲還是敵不過王雪紅、張榮發、郭台銘。

加上被認為普遍存在的買票、甚至作票「奧步」，小英再有10個、甚至100個3個小豬旋風，動員100萬隻小豬，恐怕也打不倒國民黨這個大怪獸。牧羊人大衛(David)打倒巨人(Goliath)的故事，是神話，聽聽就好，不要認真。

我也來當一下事後諸葛亮。我大膽論斷，這次大選小英是民進黨最佳人選，也選得最好，但沒選上。民進黨目前檯面上的人物，包括4大天王，都比小英差，而且差很

大。這次如果是他(她)們和馬英九競選，必輸，而且輸得比小英更慘、更難看。

# 該鞠躬下台說再見了

雖然還是見了很多好朋友，令我滿懷感恩返澳。但還是因為選輸，心情不好，沒有見到很多其他好朋友。如我的得意「門生」吳新興，我是他的博士論文考官。他拿到博士後回台，著作等身，學優則仕，當過僑委會副委員長和駐菲律賓代表，表現亮麗。現在他是南台科技大學副校長。

每次回去新興都請我吃海鮮(他很會吃)。讓他請吃飯，是一大樂趣。這次他也一再吩咐，選完一定去台南吃海鮮。結果還是沒去。同樣理由，婉拒了好幾位朋友的邀宴。

這些年來，每次回台灣，有兩位我最尊敬、最喜愛的老朋友(沒禮貌，應是前輩、先賢)非見不可。一位是「台灣文豪」鍾老(肇政)，另一位是「台灣之父」彭教授。

2月19日，孝治來台北載我去龍潭，一見鍾老，他沒說話，面露他一貫的慈祥微笑，卻突然舉手伸指成手槍狀。我沒問他所指何人，但心理直接反應是，他要槍殺馬英九。

阿彌陀佛！善哉！善哉！我心邪惡。鍾老乃慈善老人，絕不會開槍殺人。分別前，他給我一幅字，上面是他

的蒼勁草書：《達觀》。我仍世俗凡人，達觀不起。

1月19日，我們去「大江屋」，和幾位朋友祝福鐘老87大壽。鄭文燦謝票百忙中也趕來參加，細說了他的敗選感想。

日本雪地裡心靈冷卻後回台，和月琴的台大同學見面，上金山下淡海，得到他們的熱情招待。

2月1日，回苗栗拜訪老友、大文豪李喬，他在故鄉公館一家幽雅的客家菜館請午餐，選敗的立委候選人楊長鎮也來聚會，加上孝治夫妻，我們暢談4小時。

李喬比我更悲觀，認為台灣人的心靈已滅絕，非要從整體民族心靈重建不可。

午飯後，趕去苗栗中學禮堂參加小英的謝票活動。和小英坐在一起，我輕聲問她，「辛苦了？」，他僅回答，「還好吧！」這是我第一次和她見面，唯一說過的一句話。

選前朋友要安排我和小英見面，我說不要，她太忙了。我說選後再說。選後她輸了，我決定不見她，見面不知說什麼。

苗栗會場，葉菊蘭介紹小英，還順便介紹我，並不忘虧我一頓，算舊帳，提起約20年前她打長途電話到澳洲要說服我競選苗栗縣長的舊事。那次我們談了近1個小時，他沒法說服我，我沒回去選。

在苗中禮堂，她要我站起來向同鄉鞠躬致意。我感覺，她在暗虧我，罵我當年沒回去選縣長，苗栗才會長期

藍天藍地，這次大選票開得那麼難看。

回澳前想來想去，以後不再回國投票，也許不再回國，不見彭教授一面，實在不捨。結果還是打電話給彭教授秘書慧蘭小姐，說我請客，請她幫忙安排。

3月3日，我們在長春路的「雞家莊」吃晚飯，彭教授和慧蘭外，還有李筱峰、范姜提昂及布城老友盧永吉醫師（我的台灣在澳協會的秘書長）。

飯吃得心情沈重但友情溫暖。彭教授默默吃飯，話很少，令人感覺無限哀傷。

他和我看法大致一樣：小英是最佳人選，選得很好。但國民黨資源龐大，奧步太多，這是不公平、不公義的選舉。這次我們輸了，4年後國民黨資源更豐富，中國的經濟恐嚇更有力，民進黨贏的機會將更渺茫。

我們同意，今後台灣將陷入「一中」統一陷阱更深，更難自拔，台灣的民主前途將更艱難，主權獨立前景更黯淡。

以後不再回去投票，我當然還會關心台灣，會繼續發聲，支持台灣的民主發展，反對自由民主台灣被專制獨裁中國併吞。

我將非常懷念那些老朋友，尤其是彭教授和鐘老，希望他們長年百歲，健康、安好，能看到台灣民主鞏固、獨立建國成功的一天。天佑彭教授！天佑鐘老！天佑台灣！

我沒有阿輝伯「民主先生」說「台灣要交給你們囉！」的資格，我只能向多年來照顧我們無微不至的盛

保、新興、建榮(Mattel)、妍妃、正鋒、文燦和孝治等說：
「台灣要交給你們囉！」

(2012.03.13)

# 結語

　　硬要說兩句結語，只能說：

　　2008年前我對馬英九還抱希望，2008.5.20他一上台，我就非常失望，很快就對他絕望。

　　2008年台灣人選馬英九，我可以理解，2012年再選他，我無法諒解，對台灣人非常失望。我對台灣的民主前途、獨立建國非常悲觀。

　　這些年來，我常用老友陌上桑多年前罵「台灣人，去死好了！」的話，罵台灣人。老婆常要我用肥皂洗口。

　　其實，我對台灣人失望，但沒絕望。到頭來，台灣的命運還是掌握在2300萬台灣人的手上。過去60多年來，台灣人一再創造民主奇蹟。在蔣家專制時代，台灣人不屈不饒支持黨外運動，而有阿輝伯和阿扁20年的民主時代。馬英九8年眞能把台灣人變成「呆瓜」，放棄台灣的國家主權和民主？

　　我還眞不相信。民心似水，可以載舟，也可以覆舟。只要台灣人堅持、甚至拼命捍衛台灣的自由民主人權和國家主權，站在歷史對的一邊，讓世人看到，台灣應該還是會有光明的前途。

國家圖書館出版品預行編目資料

空谷足音的南方論述：一台灣2006-2012／邱垂
亮著. -- 初版.-- 台北市：前衛，2013.08
328面；15×21公分

ISBN 978-957-801-708-5(平裝)
1.臺灣政治　2.文集
573.07　　　　　　　　　　　　102008512

# 空谷足音的南方論述——台灣2006-2012

著　　　者　邱垂亮
責任編輯　黃紹寧
封面設計　陳信宇
電腦排版　宸遠彩藝
出 版 者　台灣本鋪：前衛出版社
　　　　　　10468 台北市中山區農安街153號4F之3
　　　　　　Tel：02-2586-5708　Fax：02-2586-3758
　　　　　　郵撥帳號：05625551
　　　　　　e-mail：a4791@ms15.hinet.net
　　　　　　http://www.avanguard.com.tw
　　　　　　日本本鋪：黃文雄事務所
　　　　　　e-mail：humiozimu@hotmail.com
　　　　　　〒160-0008 日本東京都新宿區三榮町9番地
　　　　　　Tel：03-3356-4717　Fax：03-3355-4186
出版總監　林文欽　黃文雄
法律顧問　南國春秋法律事務所林峰正律師
總 經 銷　紅螞蟻圖書有限公司
　　　　　　台北市內湖舊宗路二段121巷28、32號4樓
　　　　　　Tel：02-2795-3656　Fax：02-2795-4100
出版日期　2013年8月初版一刷

定　　　價　新台幣350元
©Avanguard Publishing House 2013
Printed in Taiwan　ISBN 978-957-801-708-5

＊「前衛本土網」http://www.avanguard.com.tw
＊加入前衛 facebook，上網搜尋前衛出版社並按"讚"。
更多書籍、活動資訊請上網輸入"前衛出版"或"草根出版"。